부동산 버블 마지막 기회를 잡아라

대한민국 부동산이 오르고 내리는 진짜 원리를 밝힌다

부동산 버블 마지막 기회를 잡아라

조현철 지음

매일경제신문사

"돈이 없으면 스스로를 빛나게 하는 행동을 할 수 없다."

《니코마코스 윤리학》에 나오는 주옥 같은 구절이다. 이는 '투자자가 된 인문학도'를 자처하는 내가 역대 철학자들이 한 말 중에 가장 좋아하는 구절이다. 가끔 '돈이 없으면 품격도 없다No Money, No Dignity'라고 나름대로 줄여서 인용하곤 한다.

니코마코스는 아리스토텔레스의 아버지 이름인 동시에 아들 이름이기도 하다(할아버지의 이름을 땄다). 이 책을 편집한 이가 니코마코스 본인이라는 설과 함께 아리스토텔레스가 아들을 위해 썼다는 주장도 있다. 아리스토텔레스는 철학자들이 뽑은 '서구철학에 가장 큰 영향을 끼친 철학자'다. 관념론적 형이상학은 물론 정치학, 논리학에 더해 물리학과 천문학, 생물학까지 두루 섭렵한 아리스토텔레스의 (몇 안 되는 소실되지 않은) 저작 중 최고봉으로 꼽히는 작품이 《니코마코스 윤리학》이다. 물질만능주의가 근대 자본주의의 병폐라는 세간의 인식과 다르게 2,400년 전에 살았던 인류 최고의 철학자는 인간의 궁극적 지향점인 '행복'을 아들에게 가르치는 과정에서 돈의 중요성을 이렇게 강조했다. "돈이 없으면 스스로를 빛나게 하는 행동을 할 수 없다"라고 말이다.

"아들아, 절대로 한양을 떠나서 살지 말아라."

다산 정약용이 전남 강진으로 유배를 떠나는 급박한 상황에 처하자 부랴부랴 아들에게 유언처럼 남긴 금쪽 같은 한마디다.

"백성을 사랑하는 근본은 아껴 쓰는 데 있고 아껴 쓰는 것의 근본은 검소함에 있다"라는, 읽기만 해도 두 손이 절로 앞으로 모아지며 마음 한구석이 숙연해지는《목민심서》의 한 구절을 떠올리는 이들에게는 이질감마저 들 수도 있을 것이다. 하지만 인간 속마음은 절박한 상황에서야 드러난다고 하지 않았는가. 가문의 앞날이 풍전등화에 처한 상황에서 아들에게 다급히 남긴 한마디가 수백 권의 저서에 담긴 마음 숙연해지는 금언들보다 우리에게 시사하는 바가 클 것이다.

이 책은 돈을 버는 방법에 대한 책이다. 더 자세히는 부동산을 통해 돈을 버는 방법에 대해 이야기하고 있다. 재테크, 투자, 투기 등 다양한 표현으로 치장을 해보지만 이 모두 결국 돈을 벌자는 이야기다. 우리가 돈을 벌어야 하는 이유는 이미 2,000년도 더 전에 아리스토텔레스가 멋지게 표현했다. 돈이 없으면 스스로를 빛나게 하는 행동에 제약을 받기 때문이다. 그리고 굳이 비트코인이나 선물옵션 같이 낯선 분야까지 안 가더라도, 대다수 사람들이 비교적 익숙한 분야에서 돈을 벌 수 있는 방법에 대해서는 조선 최고의 지식인으로 꼽히는 다산이 200년 전 남긴 말에서 힌트를 찾을 수 있다. "절대 한양을 떠나 살지 말거라." 이를 "돈과 사람이 오가는 핵심 지역 부동산을 움켜쥐고 있어라"라고 해석해도 지나침은 없을 것이다.

그렇다면 나는 혼자만 알고 있어도 될 '돈 버는 방법'을 왜 군이 책까지 써가면서 남들에게 알려주지 못해 안달인 걸까. 여기에 대해 많은 독자들이 의구심을 품고 있을 것이다. 사실 많은 저자들이 돈을 벌기 위해, 즉 인세를 받거나 강연을 하고 상담료를 받기 위한 사업모델로 재테크 책을 내는 것도 사실이긴 하다. 하지만 나는 앞으로도 상당한 시간(희망사항이긴 하지만)을 직장인으로 살며 강연이나 상담이라는 사업모델에 대해 유무형의 제약 조건을 받아야 하는 입장이다.

내가 군이 돈 버는 방법에 대해 남들에게 알려주는 이유는 딱 하나, '오지랖'이다. 입과 손이 근질거려 참지 못하는 것뿐이다. 그렇기 때문에 최대한 《목민심서》보다는 《니코마코스 윤리학》에 가까운 이야기를 하려고 한다. 세상은 마땅히 그래야 한다는 당위성을 설파하려는 게 아니라, 실제 이 세상이 어떠한지에 최대한 입각해 이야기를 하겠다는 말이다. 앞서 썼던 책들에서도 현실을 그대로 쓰려고 해왔다. 책을 발판으로 또 다른 무언가를 추구해보려는 의도가 없기 때문이다.

사실 인문학적 스토리로 경제발전을 해석한 두 번째 책에 비해 입지와 타이밍, 정책이라는 부동산 3요소를 다룬 첫 번째 책이 (재테크 서적 타이틀이 붙으며) 더 많은 인세수입을 가져다 준 것은 사실이다. 하지만 차 한 대 값도 안 되는 인세를 버는 데 쏟아 부은 시간과 노력을 부동산 투자에 돌렸다면 비교도 안 될 만큼 높은 수익을 올렸을 것이다. 오지랖이 넓어서 살림살이가 나아질 일은 없지 않겠는가.

과거부터 현재까지의 부동산 흐름과 변곡점을 가져온 배경에 대해 풀었던 전작에 비해 이번 책은 그래프와 수치가 유독 많다. '2019년 이후 가까운 미래의 대한민국 부동산 시장 향방을 예측하는 것'이 이 책의 주된 목적이고, 부동산은 감이나 심리가 아닌 수치로 나타낼 수 있는 근거에 의해 움직이는 자산 시장이기 때문이다.

저PER주 발굴. 1990년대 초반 대한민국 주식시장에서 유행한 투자기법이다. 주식투자에 조금이라도 관심이 있는 사람이라면 PER라는 단어를 당연히 알 것이다. PER(주가수익비율)는 회사의 주식가격을 주당 순이익으로 나눈 값으로 해당 주식이 고평가된 것인지 혹은 저평가된 것인지를 따져보는 기본 지표다. 하지만 현재 이 PER만을 안다 해서 주식투자로 높은 수익을 올릴 수는 없다. 이건 개도 소도 다 아는 아주 기본 중의 기본 지식일 뿐이다.

하지만 1980년대 대한민국 주식시장은 흔히 통용되던 '마바라(원칙 없이 흔들리는 소액투자자를 뜻하는 일본식 용어)'라는 용어에서 알 수 있듯 '주식은 감이고 운'이라는 생각이 지배했다. 정보라는 말은 내부정보원이 밀실에서 큰손에게 은밀히 알려주는 비밀정보 이상도 이하도 아니던 시절이었다. 이런 심리와 검은 커넥션에 지배되던 주식시장은 1990년대 초 외국인 투자자에게 개방되자마자 이 'PER'라는 기초 투자상식 하나로 간단하게 평정되고 말았다.

나는 이 책에서 심리니 감이니 하는 측면은 최대한 배제하고 객관적인 지표에 근거해 앞으로의 향방을 예측하려 한다. 한때 스포츠계에서도 지도자들이 정신력을 강조하던 시절이 있었다. 심리나 정신력을 강조하는 이유는 별거 없다. 왜 그런지 이유를 잘 모르고 왜 그래야 하는지 설명할 방법을 모르기 때문에 어차피 입증하기 힘든 정신의 세계로 도피하는 것이다.

부동산 시장도 마찬가지다. 이 책에서 나는 부동산의 향방을 미리 예측할 수 있게 해주는 다양한 선행지표와 함께 현재 부동산이 과열 국면인지 저평가 국면인지 확인할 수 있는 지수를 소개할 것이다. 내가 부동산에 처음 투자하던 시기에 지금이 버블인지 아닌지 판단하기 위해 처음 시도했던 방법이다. 지난 15년 동안의 부동산 시장 등락을 통해 검증된 방법론을 지수화하여 이 책에서 처음으로 대중에 공개한다. 이 책의 초중반쯤 등장하게 될 '부동산 버블지수'가 바로 그것이다.

지표로 알아보는 부동산 시장의 향방, 이것이 이미 MBA를 마치고 귀국했다 다시 미국으로 돌아가 부동산공부를 새롭게 시작한 이유기도 하다. 주식이나 채권, 원자재 등을 비롯한 여타 금융·실물 자산들과 마찬가지로 부동산 역시 자산 시장의 일부고, 자산 시장의 향방은 거시경제 테두리 안에서 객관적인 지표들로 설명 가능해야 하기 때문이다. 한국에도 부동산학과는 있지만 건축학이나 도시공학을 전공했던 분들에게 자산 시장에 대해 배우기보다는 비즈니스 스쿨에서 부동산을 전공한 교수진에게 배우는 것이 나을 것 같았다.

2018년 9.13 대책이 나오면서 시장이 얼어붙었다. 그러자 많은 전문가들이 그간 상승장에서 취했던 입장을 벗어던지고 모호한 전망을 내놓고 있다. 본인들만의 뚜렷한 방법론 없이 시장 분위기에 따라 그

때 그때 입장을 정하는 것이다. 물론 지표라는 것도 영원불변하는 것은 아니다. 수치 역시 변화가 수시로 반영되어야 하고, 정부 정책이 바뀌었다면 이 역시 최대한 수치화시켜 반영해야 한다. 하지만 내가 보는 수치는 아직까지 그 방향성에 있어서 큰 변화가 없다. 이번 정부의 정책방향은 이미 정부가 들어선 시점부터 예측 가능했고, 2017년에 했던 예상에 전부 반영이 되었기 때문이다. 이 책에서는 내가 주기적으로 점검하는 지표를 위주로 부동산이라는 자산 시장의 향방에 대해 예측해보고 그 판단 근거를 제시하려고 한다.

조현철

차례

2019년,
투자해도 되는 사람
기다려야 하는 사람

미리 알려주는 결론
'그래서 어쩌란 말이냐'에 대한 답

"버블 초기단계에 투자하는 것만큼
높은 수익률을 기대할 수 있는 것은 없다"

조지 소로스

머리말에서 언급했지만, 이 책의 목적은 객관적인 지표를 근거로 부동산 시장의 향방을 설명하는 것이다. 하지만 많은 독자들은 이렇게 말할 것이다. "그래서 어쩌란 말이냐? 지금 사라고 팔라고?" 복잡한 그래프와 수식에 앞서 독자들의 궁금증에 먼저 답을 하고 난 후 그 근거를 설명하도록 하겠다.

전작 《오르는 부동산의 법칙》이 나온 2017년은 2014년부터 반등하기 시작한 부동산 시장이 완전히 상승기에 접어든 무렵이었다. 반등에는 성공했으나 아직 버블 징조는 보이지 않았다. 따라서 유례를 찾아보기 힘들 정도로 풀렸으나 아직 회수되지 않은 과잉유동성에 더해, 새롭게 들어선 정부가 추진할 특정지역 공급억제 정책까지 예상되는 상황이었기에 자신 있게 폭등장을 예측할 수 있었다. 그 중에서도 강남권 공급을 옥죄는 정책 기조 상 지방보다는 서울, 그리고 서울 중에서도 신규공급축소 혜택을 가장 많이 받는 신축 아파트의 상승을 점쳤던 것이다.

> 본격적인 버블은 2018년 하반기부터 생길 것으로 예상한다. 2017년은 아직 새 정부의 정책방향성에 대해 다들 눈치를 보는 시기고 미국의 금리인상이 예상되기 때문이며, 2018년은 다들 알고 있듯이 서울과 수도권 일부 지역에서 공급과잉이 우려되는 시기이기 때문이다. 그렇기 때문에 폭락은 없겠지만 서로 눈치를 보느라 매수세가 폭발적으로 늘지는 않을 것 같다. 2017년 상반기에 눈치를 보며 슬금슬금 오르는 장세는 하반기 쯤에 큰 규제를 얻어맞고 주춤하다 서울과 수도권의 입주물량이 어느 정도 소화된 2018년 본격 상승하기 시작할 것이다.
>
> -《오르는 부동산의 법칙》中

이는 지난 1년 간의 수치로 그대로 나타났다. 2018년 12월 KB국민은행의 조사에 따르면 서울 아파트의 전년 동기 대비 가격상승률을 가격대별로 살펴보면 상위 20%에 해당하는 5분위 주택은 평균 29%가 상승해 12.2% 상승에 그친 1분위 주택에 비해 2배가 훨씬 넘는 큰 폭의 상승세를 보였다. 이를 10분위, 즉 상위 10%에 국한해서 보면 상승률이 훨씬 높을 것이다. 즉 비싼 아파트일수록 상승폭이 컸

서울 아파트 유형별 가격상승률

아파트 유형	1분위	2분위	3분위	4분위	5분위
상승률	12.2%	19.3%	24.0%	27.4%	29.0%

출처: KB국민은행, 통계청

다. 강남의 신축아파트가 가장 많이 올랐다는 것이다.

상승장을 예측하며 《오르는 부동산의 법칙》의 초안작업을 시작한 2017년 5월을 기준으로 버블은 아직 시작 전이었지만, 이 책의 집필을 시작한 2018년 12월 기준으로 보면 버블, 특히 서울 일부 지역의 버블은 이제 막 시작되었다. 핵심 지역 중에서도 모든 이의 주목을 받는 슈퍼스타 단지의 경우 이미 내가 예상했던 목표가를 넘어서는 호가가 나오고 있다. 그리고 바로 이 시점에 예상했던 대로 대출을 틀어막고 다주택자의 주택구입의지를 꺾어버리는 강력한 수요억제정책이 나오고 있다.

참여정부와 마찬가지로 이번 정부는 공급을 늘리는 것이 아닌 수요를 억누르는 방식으로 부동산 가격을 잡으려고 할 것이고, 이 예측 불가능한 수요를 컨트롤하기 위해 여기저기 틈만 보이면 튀어오르는 수요를 뒤쫓아 다니며 대책을 남발하다 시간을 보낼 공산이 크다. 다만 이번 정권에서 예고하는 강력한 수요억제 정책은 적어도 단기적으로는 그 위력을 발휘할 수 있다. 이번 정권에서 정책의 변화를 그 어느 때보다 유심히 지켜보고 그 맥락을 이해해야만

하는 이유이기도 하다.

(중략)

그렇다면 이 해소되지 못한 과잉유동성과 서울지역의 공급부족이 함께 만나면 어떤 일이 일어날까? 폭등이다. 경제적 이유로는 금리를 올리지 못하고 정치적 이유로는 서울 시내 공급을 늘릴 수가 없다. 이쯤에서 극단적인 수요 억제 정책이 나올 것이라고 예상하는 이유이기도 하다. 돈줄을 죄거나 집을 사는 사람을 범죄자로 몰아 가격을 억누르려 하겠지만 그 때마다 멈칫멈칫 하다 결국 다시 튀어 오를 것이다.

-《오르는 부동산의 법칙》中

그렇다. 지금이 바로 이 '멈칫멈칫하는 순간'이다. 버블이 시작되긴 했다. 하지만 버블이라는 것이 생기자마자 바로 픽하고 터지는 것은 아니다. 많은 경우 버블은 발생하기 시작하면 그 이전의 통상적인 상승세보다 더 긴 시간 동안 더 높은 상승률을 보이는 경우가 많다. 그렇기에 조지 소로스도 버블 초기에 투자하는 것이 가장 수익률 높은 투자라고 하였다. 따라서 적극적인 투자자라면 언제든지 뛰어내릴 준비를 하고 버블에 올라타는 것이 수익을 극대화하는 전략이 될 수 있다.

다만 여기서 핵심은 '버블에 올라타야 한다'는 것이 아니라 '언제든지 뛰어내릴 준비를 해야 한다'는 것이다. 이 책에서는 뛰어내릴 준비를 어떻게 해야 하는지에 대한 지침을 함께 제공할 것이다. 버블이 어떻게 발생하고 어떻게 꺼지는지에 대해 세간의 입소문이나 감에 의존하는 것이 아닌, 객관적인 지표를 찾아 분석하는 가이드를 제시하겠다는 말이다.

강조하고 싶은 것은 모든 사람들이 버블에 올라타야 한다는 것은 아니란 사실이다. 온 국민이 부동산에 몰입해 집값 하나만을 보고 일희일비한다면 소는 누가 키우겠는가. 내 주변에도 풍부한 자산을 가지고 있음에도 불구하고 부동산에는 별 관심 없는 사람들이 있다. 이들은 대부분 사는 집 한 채 값이 오르내리는 것에 전혀 영향을 받지 않는 진짜 부자들이다. 이들은 부동산이 아닌 사업이나 전문직 등 자신의 영역에서 확고한 부를 쌓는 방법을 터득하고 부의 원천이 아닌 소비의 대상으로 집을 바라본다.

또한 이런 큰 부자가 아니라 할지라도 자신의 직업에 충실하면서 집은 그때 그때 형편에 맞추어 사는 건전한 중산층이 세상에는 많다. 경제나 금융분야 종사자라면 다들 부동산자산에도 관심이 클 거라고 생각하지만, 유동성 낮은 자산에 묶이는 것이 싫어 부동산에 들이는 돈을 최소화하는 사람들도 있다. 심지어 독일의 꽤 명성 있는 대학의 경제학 교수로 있는 내 친누나마저 부동산에 전혀 관심이 없다. 경제학 안에서도 관심사와 연구분야가 전혀 다르기 때문이다.

부동산에는 별 관심 없이 자신의 일에 충실한 이런 사람들이 많을수록 건강한 사회다. 정부가 해야 할 역할은 이런 사람들이 삶의 기반인 집 문제 때문에 좌절을 겪지 않도록 예측 가능한 정책을 운영하는 것이다.

다시 본론으로 돌아와, 이번 버블에 올라타도 되는 사람들은 어떤 유형의 사람들일까? 적극적으로 리스크를 감수할 수 있으면서 고수익을 추구하는 '적극적 위험감수자'들이다. 리스크를 감수할 수 있다는 말은 무데뽀로 한번 질러볼 배짱이 있다는 말과는 다른 의미다. 하이 리스크가 반드시 하이 리턴으로 귀결된다면 리스크를 감수하지 않을 바보가 세상에 어디 있겠는가. 하이 리스크를 감수할 수 있다는 말은 하이 리턴은 고사하고 마이너스가 되어 원금을 까먹더라도 기본적인 생활에 피해를 보지 않고 충격을 흡수할 경제적 여력이 있어야 한다는 말이다. 한마디로 어느 정도 재력이 있거나 적어도 영혼까지 탈탈 털어 집 한 채에 올인해야 하는 상황은 아니어야 한다는 것이다.

또 한편으로는 버블에 잠재된 리스크를 이해해 이를 어느 정도 예측하고 회피할 수 있는 준비가 되어 있어야 한다는 말이기도 하다. 즉 돈과 지식, 이 둘 중 하나만 부족해도 버블에 올라타는 것은 피해야 한다. 이 책을 내는 이유도 여기에 있다. 내가 비록 독자에게 리스크 헤지를 위한 재력을 제공할 수는 없지만, 적어도 버블에 올라타는 데 필요한 지식의 일부만이라도 공유해보려 하는 것이다.

결론적으로, 부동산 담보대출을 핀셋으로 콕 집어 누르고 있는 정부의 강력한 수요억제책 때문에 2018년 12월 시점에서 멈칫거리는 서울 부동산 시장은 적어도 2019년 상반기까지는 강한 반등세를 나타내기 어려울 것으로 보인다. 그 이유는 2019년 서울에 예년 평균의 두 배에 가까운 약 5만 세대의 아파트 입주가 예정되어 있기 때문이다. 신축아파트 수가 지속적으로 줄어드는 서울 부동산 시장에 적어도 단기적으로는 공급가뭄을 해소해줄 것으로 기대할 수 있다. 가격

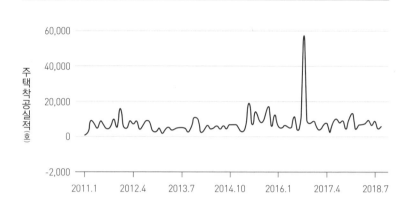

출처: 한국감정원

상승을 그만큼 억제할 것이란 얘기다.

　하지만 이 5만 세대 입주물량 때문에 서울 집값이 궁극적으로 하락할 것이라고 단정하기는 어렵다. 우선 서울의 누적된 공급부족량을 채워주기에는 턱없이 부족하기 때문이다. 주택산업연구원의 김태섭 박사는 서울의 신규아파트 수요를 연간 4만 세대로 추산했다. 단독과 다세대 등을 포함한 전체 주택 수요는 5만 5,000세대다. 지난 부동산 침체로 연간 공급량이 2~3만 세대로 줄면서 누적된 공급부족량은 최소한 5만 세대 이상에 달할 것으로 추산된다. 2019년 입주물량은 아파트 5만 세대, 전체 주택 6만 5,000세대로 동년 신규 수요 아파트 4만 세대, 전체 주택 5만 5,000세대를 고려하면 전체 누적 부족분의 극히 일부만이 해소되는 것이다.

그래프에서 명확히 드러나듯 2019년 서울에 입주하는 아파트 5만 세대는 대부분이 2016년 하반기의 예외적으로 많았던 재건축 착공 물량에 힘입은 것이다. 2017년에 집권한 현정부는 예상대로 재건축을 옥죄고 있다. 서울에서 유일하게 대규모로 신축아파트를 공급할 수 있는 재건축이 막히니 이후 주택착공 물량은 부동산 침체기 수준으로 돌아가버렸다.

2016년 하반기 착공물량이 소화된 이후 공급 부족이 다시 심화되며 서울 부동산 시장은 다시금 상승세를 타기 시작할 것이다. 하지만 적어도 2019년 상반기에는 정부의 강력한 수요억제책과 오랜만에 보는 대규모 공급이 어우러지면서 앞으로의 상승세에 의문을 제기하는 시장참가자들이 늘어날 것이다. 그리고 바로 이때가 적극적인 투자자라면 과감히 올라타야 하는 시점이 될 것이다.

하지만 눈 감고 아무거나 집어도 30~40% 이상의 상승이 보장되었던 몇 년 전과는 다르게 이번 매수기에는 아주 신중하게 투자처를 골라야 한다. 공급에 대한 대책 없이 수요억제책만 늘어놓았던 8.2 대책에 대한 비판이 일자 이를 보완하기 위해 9.13 대책에서 3기 신도시 정책을 들고 나왔기 때문이다. 하지만 3기 신도시의 공급물량에는 강남이 아닌 엉뚱한 지역들만 피해를 볼 것이다. 앞으로 다가올 버블 시기의 수요와 공급에 대한 자세한 내용은 각 장에서 상세히 다루도록 하겠다.

2019년에 하는 투자는 최대한 방망이를 짧게 잡고 단타를 친다는 자세로 임해야 한다. 물론 부동산 시장에서 단타라는 것이 분양권처럼 몇 달 안에 사고파는 것을 의미하지는 않는다. 하지만 빠르

유형별 투자 가이드

유형	투자 가이드
지방 거주 유주택자	보유하고 있는 현주거지 거주 및 추가 투자 자제
지방 거주 무주택자	전세 거주하며 다음 사이클 대기
수도권 거주 유주택자	보유하고 있는 현주거지 거주 or 대출 최소로 가능하면 서울 핵심지역 갈아타기
수도권 거주 무주택자	2019년 상반기 GTX 인근지역 매수 or 서울·수도권 청약 저가매수 불가 시 전세 거주하며 다음 사이클 대기
서울 거주 유주택자	보유하고 있는 현주거지 거주 or 여건 되면 핵심지역 슈퍼스타 단지로 갈아타기(2019년 상반기 내)
서울 거주 무주택자	서울 청약 or 핵심지역 신축 대출 비중 30% 이내로 매수 가능하면 저가매수, 과도한 대출 필요 시 전세 거주하며 다음 사이클 대기
적극적 투자자	2019년 상반기 중 관리처분인가 받은 재건축 단지 매수

면 1~2년 내에라도 외부여건이 변한다면 언제든지 빠져나올 준비를 해야 한다는 것이다. 서울 아파트 시장으로 국한한다면 적어도 향후 2~3년간은 시장이 하락세로 돌아설 요인이 크게 보이지 않는다. 유일한 변수는 정부의 극단적인 수요억제책인데 이미 나올 만한 정책은 상당 부분 나왔고, 여기서 더 선을 넘는다면 입법과정에서 야권뿐 아니라 대대적인 국민적 반감을 불러일으킬 수 있기 때문에 현정부로서도 큰 부담이 아닐 수 없다.

여기서 생각해봐야 할 외부변수가 있다. 전 세계적으로 유례없이 풀린 과잉유동성의 해소과정과 미·중 간 헤게모니 싸움이 불러일으킬 수 있는 금융위기다. 하지만 2019년 세계경제는 큰 이벤트 없이 비교적 작은 이벤트들로 서로 잽을 날리는 선에서 지나갈 개연성이 크다. 물론 이 휴전 같지 않은 휴전이 오래가지는 않을 것이며, 늦어도 2020년 미국 대선을 앞두고 이 럭비공이 어디로 튈지는 눈 크게 뜨고 지켜봐야 할 것이다.

13년 만에 12배 수익을 올릴 수 있는
부동산 버블 사이클

부동산으로 13년 만에 12배의 수익을 올리는 것이 가능할까? 아마 그런 사례가 있다면 대부분의 사람들은 분양권 불법전매나 다운계약 등 불법적인 행위를 저지르거나 미공개 정보를 빼돌려 편법으로 투자하는 뭔가 구린 구석이 있을 것이라고 짐작할 것이다. 그도 아니라면 이곳 저곳 수십 채의 집을 수시로 매매하는 (비록 불법은 아니지만 사회적으로 지탄받을 수 있는) 투기행위를 상상할 수도 있을 것이다. 하지만 일반에 공개된 지극히 상식적인 정보만을 취사선택하여 원칙대로 세금도 다 내고, "(고위공직자들 스스로도 따르지 않지만) 사는 집 한 채 빼곤 팔라"는 정부의 강권을 그대로 따르면서도 수십 배의 수익을 올릴 수 있는 것이 부동산이다. 바로 내 친동생이 그렇게 했다.

2005년 미국 유학을 마치고 돌아와 한 사립대의 멀티미디어학과 교수가 된 남동생을 불러놓고 딱 두 가지를 당부했다. 첫째는 "주식하지 마라"였다. 당시 한국증권거래소에 다니던 내 입장에서는 엄연한 해사행위(?)였지만 아무래도 직장보다는 가족이 우선 아니겠는가.

두 번째는 "부동산은 내가 그냥 하라는 대로만 해라"였다. 이유는 하나, 앞서 말한 대로 세상 모든 사람들이 직업과 전공에 상관없이 재테크에만 몰두하면 소는 누가 키우고 반도체는 누가 만들겠는가. 당장은 누가 주식으로 돈을 벌었네 누구네 집값이 올랐네 하는 소리에 배가 아플 수는 있겠으나, 확고하게 자신의 영역이 있는 사람일수록 한눈 팔지 않고 그 분야에 올인해 승부를 보는 것이 인생 길게 보면 부와 만족도를 더 높일 수 있는 현명한 선택인 것이다. 그래도 '나는 계속 재테크에 관심이 가고 본업보다 이게 더 재미있다'면 어떻게 해야 할까? 간단하다. 정식으로 해당 분야를 공부하고 직업으로 삼으면 된다.

지금까지도 꾸준히 부동산 버블에 대해 경고를 해온 몇몇 부동산 전문가들이 버블을 경고하던 2005년, 내 동생은 분당구 정자동의 한 아파트를 매입했다. 당시 전세를 끼고 1억 원 초반에 매입한 19평 아파트의 실투자금액은 중개수수료, 취득세 등을 다 합해 4,800만 원이었다. 몇 년 전 유행했던 소위 갭투자의 전형적인 사례라고 할 수 있다. 이 아파트에 투자한 이유는 단 하나, 세상에 이미 다 알려진 신분당선 개통이라는 호재가 있었기 때문이었다.

2005년 무렵은 수많은 부동산 전문가를 자처하는 사람들이 버블을 경고하던 때였다. 신분당선 개통이라는 시장에 널리 퍼진 정보 하나에 근거해 나는 해당 단지에 투자를 했고 동생을 포함한 주변 지인들에게도 적극적으로 권하기 시작했다. 대개 1억 원 초반에 매입한 나와 주변 지인들은 부동산 시장이 정점에 달한 2007~2008년 무렵

2억 원 중반 정도에 매도를 했다. 이 3년 간의 수익률은 각자의 세무 상황에 따라 조금씩 달랐지만 세후 2~3배에 달했다. 전세를 끼고 매입한 갭투자였기에 실제 투자한 금액은 4,000만~5,000만 원 정도에 불과했기 때문이었다.

하지만 내 동생은 매도를 하지 않고 그냥 보유했다. 시장에 뛰어들어 위험을 감수하며 파도타기를 하는 적극적인 투자자 유형이 아니었기 때문이다. 적극적인 투자자들은 부동산 하락장에서도 마냥 자산을 놀리지 않는다. 주식이나 채권 등에 투자하기도 하고 부동산 안에서도 주택이 아닌 다른 대체 투자를 모색하기 때문에 유동성을 확보하는 것이 필요하다.

실제 금리가 큰 폭으로 오르며 부동산이 하락한 2008~2010년 무렵, 나를 비롯한 주변의 적극적인 투자자들은 이렇게 주택 시장에서 회수한 자금으로 상가투자에 몰두했다. 고금리 시절인 당시 내가 주로 투자한 LH나 SH 분양상가는 지금 같은 저금리 상황에서 생각하면 말도 안 되는 10%를 상회하는 임대수익률을 투자 시점부터 바로 가져다 주었다. 2004~2005년 사이에 매입한 주택들은 이후 2006~2008년 상승장에서 두 배 이상 가격이 상승했고(전세와 대출을 제외한 순투자금을 기준으로 하면 실제 수익률은 그보다 몇 배 높다), 부동산 시장이 침체에 빠진 2008~2010년 사이, 고금리 덕분에 싼 가격에 매수한 수익형 부동산들은 이 후 금리가 수직하락하며 역시 두 배 이상의 수익을 가져다 주었다. 투자금 대비 10~12% 선으로 들어오는 임대료는 덤이었다. 2014년경 부동산 시장이 회복 국면에 접어드는 것을 확인하고 투자한 아파트들 역시 현재까지 대개 두 배 정도의 가격 상

지난 부동산 변곡점에서 나와 주변인들이 취했던 부동산 투자전략

기간 \ 투자자 유형	적극적 투자자	실수요자
2004~2005년	호재지역 매수	호재지역 매수
2007~2008년	사는 집 제외 매도	보유
2008~2010년	수익형 부동산 적극매수	보유
2014~2016년	저평가 부동산 적극매수	지역·평형 갈아타기
2017~2018년	비핵심지역 매도, 핵심부동산 갈아타기	핵심지역 청약 집중

승률을 보여 일부는 매도하고 일부는 보유 중이다.

하지만 대개의 실수요자들에게 이런 적극적인 투자방법을 권하지는 않는다. 이런 적극적인 투자방법은 때로는 어느 정도 리스크를 감내해야 한다. 그렇기에 앞서 말한 대로 자기 분야에서 충실히 본업에 전념하는 것이 더 안정적인 삶을 누리는 데 도움이 되는 경우가 많다. 내 동생도 마찬가지 케이스였다. 비록 내가 옆에서 가이드 주는 대로 투자를 한다고 해도 굳이 시장 흐름에 따라 단타를 치지 않고 장기투자를 하는 것이 변동성도 줄일 수 있고 정신건강에도 도움이 된다. 내 집 한 채 가지고 있다는 심리적인 안정감도 무시할 수 없다.

실제 정자동 아파트는 신분당선 개통이라는 대형 호재에 힘입어 2008년 급락기에도 2억 원 중반의 가격대를 유지하였다. 부동산 침체가 장기화된 2012년 무렵에는 2억 원 초반까지 떨어지기도 하였지만 부동산 시장이 회복기에 접어든 2014년 이후로는 2006년 무렵의 전고점을 넘어서는 가격대로 회복되었다.

그리고 내 동생은 이 때가 돼서야 정자동을 매도하고 수서의 아파트로 갈아탔다. 2015년 2억 원 중반에 정자동을 매도하고 3억 원 후반에 수서를 매입했다. 정자동 아파트 가격이 급등한 후 대출을 받아 전세금을 상환하고 실거주요건을 갖춰 양도세 역시 면제를 받았고, 두 아파트의 차액은 역시 대출로 충당했다. 당시만 해도 주택 구입을 장려하느라 정부에서는 2%대의 믿을 수 없을 만큼 낮은 금리를 무려 20년 이상 고정금리로 제공했다. 2%대의 장기 고정금리라면 도대체 받지 않을 이유가 없고, 또 한 번 받고 나면 만기까지 갚을 이유도 없다. 불과 3년이 지난 지금, 일부 저축은행에서는 3%를 넘어 4%대의 수신금리를 특판이라는 이름으로 제공하고 있다. 어디를 가나 3%대의 수신금리를 받을 수 있는데 2%대의 고정금리 대출을 상환할 이유가 있을까? 덕분에 투자금은 초기의 4,800만 원에서 한 푼도 늘어나지 않았다.

2년여가 지난 2018년, 수서 아파트의 실거래가는 8억 원을 기록했다. 물론 아직 매도하지 않는 평가금액이긴 하지만 2005년 5,000만 원이 안 되게 시작한 투자금은 단 두 번의 매매를 통해 13년이 지난 현재 대출을 제외하고 6억 원의 자산가치로 불어나 있었다. 매도하지 않은 이유는 단 하나, 앞으로도 가격상승이 기대되기 때문이다. 이미 올라탄 버블에서 굳이 내려올 이유도 없지만, 인근 지역만 해도 아직 삽도 뜨지 않은 수서역세권 개발과 토지보상금, GTX, 서울시의 역세권 용적률 상향 기대 등 상승을 기대할 요소가 더 많기 때문이다.

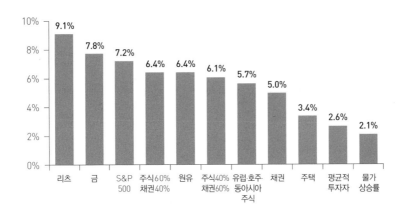

출처: JP모건

JP모건에서 자산 분야별로 1998년 이후 20년간 수익률을 계산한 그래프다. 같은 부동산 분야에서도 희비가 엇갈리는데, 부동산펀드 리츠REITs의 수익률이 20년간 연평균 9.1% 상승률을 보여 가장 높았고, 실제 대부분의 사람들이 보유한 주택은 물가상승률 2.1%를 약간 웃도는 3.4%의 수익률을 보였다. 물론 집의 낮은 수익률은 중간 금융위기 때 부동산 가격이 급락한 이유도 있을 것이다. 하지만 금융위기의 여파를 함께 받은 주식(S&P 500) 수익률 7.2%의 반 토막에도 미치지 못하는 저조한 수익률인 것도 사실이다.

같은 부동산 분야인데 리츠와 주택의 수익률이 이토록 상반된 결과를 보이는 이유는 무얼까? 미국의 리츠는 주택임대시장에 투자하는 경우도 많아 꼭 상업용 부동산과 주거용 부동산의 차이라고 볼 수는 없다. 부동산 전문가들이 운용하는 리츠는 비록 빈번하게 사고 팔지는 않더라도 부동산 사이클에 맞춰 매수와 매도를 실현하는 반면 주택소유자들은 그냥 두고 보는 경우가 많기 때문이다.

비록 이와 같은 적극적 투자는 아니더라도, 사는 집을 마냥 묵혀 두는 것보다 시장에 이미 널리 알려진 공개정보를 이용해서라도 부동산 버블 사이클을 타는 게 낫다는 걸 내 동생의 사례에서 알 수 있다. 사는 집 한 채는 장기적으로 보유해야 하는 자산이니 일희일비하지 말고 무조건 깔고 앉아 있으라는 것은 아니다. 반대로 시장의 향방에 일희일비하면서 부동산을 수시로 샀다 팔았다 하며 수익을 추구하라는 말도 아니다.

적극적인 투자자라면 시장의 추이에 따라 비교적 짧은 보유기간을 염두에 두고 매매를 할 수도 있고, 시장 상황이 안 좋아지면 기회비용과 유동성 확보라는 차원에서 비핵심자산들을 처분해 시장 상황에 맞는 투자처로 갈아타거나 저가매수를 노리는 실탄으로 활용할 것이다. 하지만 이는 생업에 성실히 종사하는 대부분의 사람들에게는 맞지 않는 투자방법이다. 그렇다고 일부 적극적인 투자자들이 시장상황에 따라 수익을 극대화하는 것을 손가락만 빨면서 구경하라는 말도 아니다.

프라이버시를 일부 희생하면서까지 굳이 내 동생의 예를 책에 소개한 이유가 여기에 있다. 적극적인 투자자가 아니더라도 버블사이클을 잘만 이용하면 큰 리스크를 감수하지 않고 최소한의 매매를 통해 얼마든지 높은 수익률을 올릴 수 있다. 부동산에 도통한 지인이나 컨설턴트가 꼭 필요한 것도 아니다. 내가 여기서 소개한 정자동과 수서동 매매사례는 신분당선 개통과 SRT, 수서역세권 개발이라는 '대중에게 익히 알려진 호재'를 투자에 활용한 것일 뿐이다. 이 정도는 세상과 담을 쌓고 살지만 않는다면 약간의 관심만 가지고도 얼마든지 투자에 활용할 수 있다. 세상은 많은 사람들의 믿음과는 달리 그다지 효율적으로 돌아가는 것이 아니기 때문에 경제학 시간에 가르치는 대로 모든 공개된 정보가 가격에 즉각 반영되는 것은 아니다.

나는 전작 《투자자가 된 인문학도》 마지막 장에서 이런 효율적 시장가설과 이를 보완하기 위해 나온 행동주의 경제학에 대해 정면으로 비판을 했다. 물론 이 효율적 시장가설을 비판하는 사람은 나만이 아니다. 기존 경제학계에서도 오랜 기간 동안 실증적 연구를 통해 이를 반박하고 있다. 주류 경제학자 외에 효율적 시장가설을 반박하는 가장 유명한 사례는 조지 소로스의 재귀성이론일 것이다. 소로스의 재귀성이론은 단순히 효율적 시장가설뿐 아니라 기를 쓰고 자연과학의 방법론을 흉내 내려는 일부 사회과학, 특히 현실을 보다 잘 설명하기 위한 목적보다는 학자들끼리의 '가오 경쟁'에서 밀리지 않기 위해 물리학이론까지 도입해 보다 정교한 수학적 모델을 만들어 내려고 발버둥치는 경제학을 정면으로 비판한다.

재귀성이론을 최대한 단순하게 소개하자면, 사회과학에서 미래에 대한 예측은 현재 시장참가자들이 가진 인식에 영향을 받는다는 것이다. 소로스는 이를 생각하는 참여자라고 불렀다. 반면 자연과학에는 생각하는 참여자가 존재하지 않는다. 예를 들어 보자. 천문학자들은 혜성의 궤도를 계산해 미래에 혜성이 지구에 근접하는 시점을 예측한다. 이 예측결과를 세상 모든 사람들이 공유한다고 해서 결과가 달라지지는 않는다. 혜성이 소행성과 충돌하는 등 예측대로 되지 않을 변수는 있으나 사람들이 예측 결과를 공유했다고 해서 소행성이 피해가거나 혜성의 궤도가 바뀌지는 않는다.

하지만 사회과학, 특히 경제학의 분석 대상 중 하나인 자산 가격의 등락은 얼마나 많은 사람들이 그 결과에 대한 예측을 공유하느냐에 따라 목적지와 궤도가 바뀐다. 목적지는 변함 없다고 해도 목적지까지 도달하는 궤적과, 무엇보다 도달 시점이 확연하게 달라진다. 투자에서 목표 가격에 도달하는 시점의 차이는 그 목표 가격의 차이보다 더 중요할 수 있다. 보다 많은 사람이 예측치를 공유할수록 가격과 도달시점은 달라질 수 있으며, 이때 긍정적인 피드백으로 자기강화가 지속되면 가격은 부풀려질 수 있다. 우리는 이것을 버블이라고 부른다.

소로스는 외환 투기로 잘 알려져 있지만 재귀성이론은 의외로 부동산투자에도 중요한 통찰을 제공한다. 지금은 해체된 조지 소로스의 퀀텀펀드는 파운드화나 바트화 같은 통화에 대한 공격으로 악명이 높았지만 소로스의 투자 대상은 외환뿐만이 아니라 주식, 채권 가리지 않았다. 최근 만 88세에 처음으로 암호화폐 투자를 시작한 이 전방위적인 투자자가 유독 투자하지 않은 분야가 부동산이다. (유동성에 대한 선호도의 차이가 아닐까 싶다) 그런데 아이러니하게도 재귀성이론이 가장 잘 들어맞는 분야가 바로 부동산이다. 물론 이 이론은 자산 가격을 구하는 정교한 모델이 아니라 자산 시장과 경제전반에 대한 인사이트를 제공하는 사고의 틀에 가깝다.

재귀성이론의 또 다른 핵심은 시장참여자의 행위를 인지기능과 조작기능으로 이원화하여 상호 간의 영향을 분석하는 것이다. 재귀성이론에서 인지기능은 우리가 사는 세상을 이해하는 것을 말한다. 투자에서는 투자 대상의 속성과 시장의 동향을 이해한다는 말이라고 보면 된다. 하지만 인지를 했다고 투자가 완성되는 것은 아니다. 조작기능, 즉 내가 원하는 방향으로 세상을 바꾸는 것이 필요하다. 작게는 머릿속으로 생각한 투자를 실천에 옮기는 것부터 주변에 내는 입소문, 소위 투자전문가들이 미디어에 나와 퍼뜨리는 정보 등이 조작기능이라고 할 수 있다.

군이 이 기능에 조작Manipulation이라는 이름을 붙인 이유를 한번 생각해보자. 우리 주변에서 흔히 볼 수 있는 예로 집을 산 사람은 주변 사람들에게든 인터넷 사이트에서든 자신이 집을 산 동네나 부동산 시장 전반에 대해 최대한 좋게 말하는 경향이 있다. 집을 판 사람은 반대일 것이다. 많은 경우 클릭 한 번으로 투자가 완성되는 금융투자와 달리 부동산 투자는 이 인지기능과 조작기능이 그 효과를 발휘하는 시차가 매우 클 수밖에 없다. 가격에 영향을 주는 모든 정보가 즉각적으로 시장가격에 반영이 되어 '공짜 점심이란 있을 수 없다'는 효율적 시장가설의 주장과는 다르게 시장 요소요소에는 널리 알려진 정보마저 미처 반영이 안 된 곳이 있을 수 있다는 말이다. 그렇기에 잘 찾아보면 우리들한테도 먹을 것이 남아 있는 경우가 많다.

모든 사람이 부동산에 연연하며 집 한 채에 목숨 걸 필요는 없다. 하지만 가족들이 편안함을 느끼며 살 수 있는 생활의 터전이자 대부분의 사람들에게 가장 큰 재산인 집을 장만하기 위해서 이 정도의 관심은 갖는 것이 당연하지 않을까?

지금은 버블인가?

여기서 중요한 질문 하나. 지금은 버블인가? 맞다. 지금은 버블이다. 이미 버블은 시작되었다. 보다 정확히 말하자면 버블의 조짐이 보이고 있다. 문제는 버블의 실체가 무엇이고 뭐가 버블이냐는 말이다. 비싸면 버블인가? 그렇다면 비싸다는 판단 기준은 무엇인가? 뭐가 됐든지 간에 파는 사람은 싸게 판다고 생각하고 사는 사람은 비싸다고 깎아달라는 것이 인지상정이다. 대부분의 사람들에게 생애 가장 비싼 것을 사고파는 부동산은 말할 것도 없다. 사야 하는 사람은 늘 터무니없이 비싸다며 버블이라고 주장하고, 팔아야 하는 사람들은 늘 우리 동네는 저평가되었다는 말을 입에 달고 사는 것이 부동산이다.

그래서 나는 최대한 부동산 시장 동향에 대한 세간의 이야기를 피하려고 노력한다. 실제 나는 부동산이나 경제동향 관련 블로그나 카페를 운영하지도 않지만 이런 사이트에 가능한 한 들어가보지 않는다. 이들 사이트들이 잘못된 정보를 제공하거나 사람들을 호도하기 때문이 아니다. 이곳에는 적지 않은 정보와 함께 특히 특정 지역이나 단지에 관한 최신 정보를 제공하는 경우가 많다. 나도 특정 지역이나 단지에 대한 정보를 찾다 보면 자연스레 이들 블로그나 카페 등으로 연결되는 경우가 적지 않다. 하지만 이들 사이트에서 시장 동향에 대한 정보를 귀동냥 하는 것은 최대한 자제한다. 아니 의도적으로 피하려고 한다.

다시금 재귀성이론으로 돌아가면, 자신이 인지한 대로 투자를 하고 이에 대한 결과를 강화하기 위해 세상을 자신에게 유리하게끔 조작하는 행위가 만연하고 있기 때문이다. 이 조작기능이 효과를 발휘하여 자기강화가 이루어질 때 시장은 정상궤도를 벗어나 폭등을 하거나 반대로 폭락을 하게 된다. 개개인이 자신만의 목적을 가지고 재가공하여 제공하는 정보나 의견들을 접하다 보면 나도 모르게 시장 분위기에 휩쓸릴 수 있다. 따라서 이런 2차 정보나 남의 의견은 최대한 피하고 남들이 특정한 목적을 위해 가공하지 않은 1차 데이터를 내가 가진 방법론으로 가공하여 나만의 결론을 내리는 것이 적극적인 투자자에게 보다 중요하다.

이를 위해 나는 나만의 부동산 버블지수를 만들어서 시장의 큰 흐름을 이해하는 데 활용한다. 이 지수는 부동산 시장의 버블 여부를 판단하는 데 특히 유용하기 때문에 '버블지수'라고 이름 붙였다. 현재 부동산 시장이 버블인지 저평가 국면인지를 객관적인 수치로 확인할 수 있는 지표를 만든 것이다.

부동산 버블지수를 계산하는 데에는 벤치마크 금리가 활용된다. 1

년 만기 정기예금 금리와 AA-등급의 회사채 수익률이다.《오르는 부동산의 법칙》을 읽어본 독자들이라면 책의 제일 첫 부분에 내가 어떻게 부동산 투자를 처음 시작하게 되었는지 소개한 내용을 기억할 것이다. 내가 부동산 투자를 시작한 2000년대 초에도 부동산, 특히 강남 부동산은 거품이라는 신문기사가 넘쳐났다. 사실 "부동산은 거품이고 부동산으로 돈 버는 시기는 끝났다"는 말은 1980년대부터 있어 왔다.

나는 먼저 부동산이 거품인지 아닌지 내 나름대로의 지표를 만들어 이를 검증하고, 버블이 아니라는 결론을 내린 후 투자에 들어갔다. 내 재산의 상당한 부분을 차지하는 부동산을 구입하는 데 출처와 근거도 불분명한 남들 말만 듣고 투자할 수는 없지 않겠는가. 그 때 사용한 벤치마크 지수는 국민주택채권 1종과 AA-등급 회사채의 수익률이었다. 국민주택채권은 시장금리보다 조금 낮은 안전한 투자처니 부동산 투자는 이보다는 수익률이 조금은 높아야 할 것이다. AA-등급의 회사채는 우량등급이긴 하지만 회사채에 투자하는 것 자체가 아무래도 부동산 투자보다는 조금 더 리스크를 감수해야 한다.

따라서 두 벤치마크 지수를 비교해 부동산 수익률이 이 두 지수 사이에 있으면 버블이 아니라고 결론지을 수 있었다. 원래는 하단의 벤치마크 지수로 1년 만기 정기예금 금리를 사용하고 싶었다(즉 부동산은 은행에 넣어두는 정기예금 금리보다는 높아야 최소한의 투자가치가 있는 것이다). 하지만 2000년대 초반에 장기추세를 분석하려면 1980년대 데이터까지 구해야 하는데 한국은행이나 통계청 사이트에서 1980년대 예금금리 정보를 제공하지는 않았다. 그래서 당시에는 어쩔 수 없이 비교적 유사한 속성을 가진 국민주택채권 1종으로 대체했던 것이다. 15년이 지난 지금, 장기 추세분석은 2000년대 초반부터 시작해도 충분하기 때문에 이 책에선 데이터를 구할 수 있는 1년만기 정기예금금리를 활용하였다.

2003년 처음 아이디어를 떠올린 이 부동산 버블지수는 이후 시장상황을 판단하기 위한 나만의 방법으로 계속 활용해왔다. 그리고 15년이 지난 지금, 현 시점에서 계산한 부동산 장기 버블지수를 2000년대 이후의 부동산 등락과 비교하면 그대로 맞아떨어지는 모습을 확인할 수 있다. 이 버블지수는 기준시점의 부동산 가격에 벤치마크 상단과 하단의 수익률을 적용하여 가중평균하고 실제 부동산 가격이 이 가중평균 가격보다 높으면(+) 버블, 낮으면(-) 저평가 국면으로 해석한다.

결과는 다음 페이지 그래프와 같다. 연단위로 볼 때 버블은 이제 막 시작되었고 월 단위로 계산하면 이제 버블의 조짐이 보인다. 대동소이하다. 단 서울은 강남뿐 아니라 대부분의 지역이 버블 단계에 들어섰으나(일부 예외 지역은 있을 수 있다) 지방은 서울 부동산이 반등하기 시작한 무렵부터 깊은 침체 국면에 빠져들었다. 버블과 상승을 헷갈리지 말자. 2014년부터 서울과 강남의 부동산은 상승세에 접어들었다. 하지만 이게 버블은 아니다. 제자리를 찾아가는 되돌림 과정이었을 뿐이다. 장기 버블지수 상으로도 당시 가격수준은 여전히 과매도 국면이었다. 즉 추가상승의 여지가 충분했던 것이다. 그렇기에 2017년에 이 버블지수에 근거해서 자신 있게 상승장을 예상하고 본격적인 버블은 2018년 하반기에 발생할 것이라고 주장한 것이다.

부동산 장기 버블지수(연간)

2003~2018

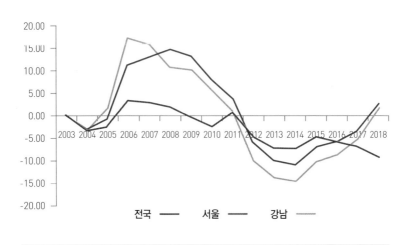

부동산 장기 버블지수(월간)

2003.11~2018.11

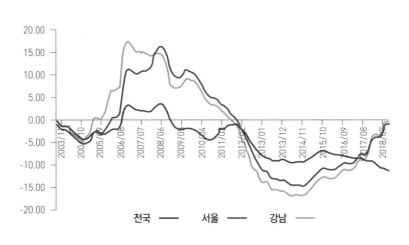

장단기 버블 지수의 해석

2003년을 기준으로 계산한 장기 버블지수를 보면 지난 15년 간 부동산 시장의 등락을 정확하게 묘사해내고 있다. 정부 규제로 잠시 하락한 2004년 이후 먼저 강남지역의 부동산이 강하게 반등했고 서울의 다른 지역이 바로 뒤따랐다. 지역별로 2006~2008년 사이에 최고점을 찍은 서울 부동산은 2009년까지는 비교적 잘 버텨주었지만 부동산 침체가 장기화되며 2010년 이후로는 긴 침체의 늪에 빠져들고 말았다.

반면 2010년대 전국 부동산의 버블지수를 보면 우리가 잘 알고 있는 서울과 지방 부동산의 엇갈린 희비를 잘 나타내준다. 산이 높으면 골도 깊듯이 2011년을 기점으로 완연히 침체에 빠진 서울 부동산 중 특히 강남 부동산의 하락폭이 더 깊었다. 반면 지방 부동산은 서울과 강남 부동산이 침체에 빠진 2012~2014년경 하락폭을 최소화하며 비교적 선방했고, 서울에 비해 먼저 반등에 성공했다.

하지만 지방 부동산은 서울 부동산이 완전히 반등에 성공한 2015~2016년 이후부터는 엇갈린 모습을 보여준다. 지방의 경기침체도 이유가 되지만, 서울 부동산이 침체에 빠진 상황에서 홀로 호황을 보인 일부 지방을 중심으로 공급이 과도하게 늘었기 때문이다. 서울 핵심지역과는 달리 지방 도시들에는 정부 규제를 크게 받지 않으면서 신규 아파트를 공급할 토지가 충분하기 때문에 부동산 침체기에 먹거리를 찾아 나선 건설사들이 지방도시를 중심으로 공급을 크게 늘린 것이다.

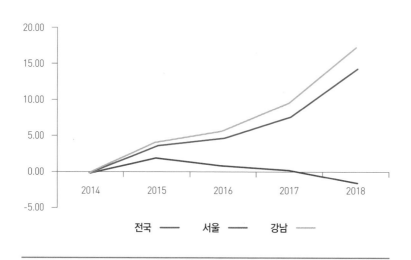

최근 지방 부동산의 약세는 단기 버블지수에서 더 극명하게 드러 난다. 지방 부동산은 2015년 이후로는 아예 서울 부동산과 그 방향 자체를 달리하고 있고 서울 부동산이 버블에 진입한 2018년부터는 오히려 마이너스로 돌아서 과매도 국면을 보여주고 있다. 내가 개발 한 부동산 버블지수는 그 기준 시점에 따라 장기와 중기, 그리고 단 기로 분류한다. 각각 15년 이상과 10년, 5년을 기준점으로 삼는다.

단기 버블지수로만 보면 서울과 강남의 부동산 가격은 상당한 버 블로 보인다. 그 이유는 해당 지역 부동산이 가장 저점에서 반등을 시작한 2014년을 기준으로 단기 버블지수의 시작점을 잡기 때문이 다. 저점에서 강하게 반등하는 자산 가격은 평균으로의 회귀본능

Regression 때문에 반등 구간에서의 기울기만 보면 벤치마크의 상단인 AA-회사채 수익률을 뛰어넘는 상승률을 보인다.

하지만 이를 두고 시장이 과열되었다고(버블) 보는 시각은 잘못된 해석이다. 자산 가격의 등락은 일직선으로 완만하게 상승하는 것이 아니라 늘 일종의 비선형 함수 형태를 보인다. 따라서 기준시점을 지나치게 짧게 가져가 순간기울기(미분계수)를 구해버리면 특정 시점에서는 그 기울기가 과도해 보이는 착시현상이 일어난다. 그렇기 때문에 현재 부동산 시장이 버블인지 과매도 국면인지를 판단하기 위해서는 2008년 금융위기나 1997년 외환위기 같은 예외적인 시기를 피해, 10년 이상 떨어진 충분히 멀면서 특별한 이벤트가 없는 시점을 기준으로 잡아야 한다.

물론 단기 버블지수를 살펴보는 것도 필요하다. 비록 순간적인 현상이지만 단기 버블지수의 그래프가 과도하게 올라가게 되면 시장은 순간적으로 과열되며 단기적으로 과매수 국면을 나타낼 수 있기 때문이다. 반대의 경우도 마찬가지이다. 그리고 부동산시장 안정을 위해 정부가 적극적으로 개입하는 것에 국민적인 공감대가 형성된 우리나라 특성 상 비록 단기 버블지수 상의 순간적인 이상 국면이라도 여론에 밀린 정부에서 적극적인 정책을 펼칠 가능성이 언제든지 있다. 실제 서울, 특히 강남 부동산은 단기 버블지수 상으로 2017년과 2018년에 걸쳐 강한 과매수 국면을 보여주었다. 이는 이미 예측했던 모습이며, 마찬가지로 이에 따른 정부의 대응 역시 쉽게 예측이 가능했다. 예상대로 강한 수요억제책을 들고나와 적어도 단기적으로는 시장을 얼어붙게 만들었다.

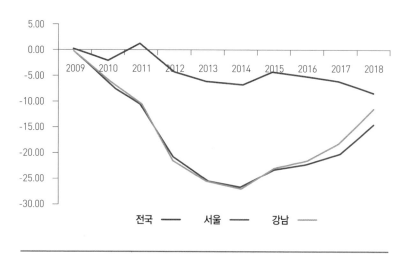

　여기서 중기 버블지수를 한번 보자. 장단기와 중기 버블지수는 각각 그 활용도가 있으나, 사실 장단기에 중기까지 지수를 일일이 해석하려면 복잡하기도 하고 일부 헷갈림을 유발할 수도 있기 때문에 골치 아픈 것이 싫은 독자라면 그냥 장기 버블지수만 보고 넘어가도 된다. 2009년부터 10년 후까지의 기간을 대상으로 한 중기 버블지수는 마침 그 10년이라는 기간의 출발점이 서울과 강남의 부동산 가격이 본격적으로 하락하기 시작한 2009년을 기점으로 삼는다. 서울과 강남은 거의 유사한 궤적으로 하락하기 시작했다가 2014년경 함께 반등했지만 2016년 무렵부터는 강남의 회복세가 빨랐다. 그리고 이 중기 버블지수에서 보면 서울과 강남이 깊은 나락에 빠진 기간 동안 특

히 지방 부동산이 꽤 잘 버텨 준 것을 확인할 수 있다.

중기 버블지수에 따르면 서울과 강남 모두 반등에는 성공했지만 아직까지 2009년 가격을 기준으로 보면 여전히 과매도 국면을 벗어나지 못한 것으로 보인다. 2009년이 버블의 정점 근처였기 때문이다. 따라서 이를 기준으로 버블 여부를 판단하는 것 역시 단기 버블지수 때처럼 잘못된 결과를 가져온다.

따라서 앞서 설명한 대로 현 시점의 버블 여부는 15년 이상의 기간 중 저점도 정점도 아니며 예외적인 이벤트가 없는 시점을 기준으로 계산한 장기 버블지수를 가지고 판단해야 한다. 중기와 단기 버블지수는 현시점의 중단기 국면에 벌어지는 현상을 이해하기 위한 보조지표로 활용해야 한다.

여기서 꼭 짚고 넘어갈 점 하나. 부동산 버블지수는 현재가 버블 국면인지 과매도 국면인지 개개인의 판단이나 느낌이 아닌 객관적인 수치로 알 수 있게 해준다. 하지만 이 버블지수는 현재를 객관적으로 판단하게 해주는 것이지 미래를 예측하게 해주는 것은 아니다. 현재의 코스피 지수를 안다고 해서 내년 코스피 지수를 예측할 수 있는 것은 아닌 것과 같다.

2018년 말 기준으로 현재 서울과 강남 부동산 시장은 버블에 막 진입한 모습을 보여준다. 시기적으로 보면 지난 2005년과 매우 유사한 모습이다. 그렇다면 이번 버블 국면도 지난 번 상승장과 마찬가지로 2018년에 버블 초입에 진입해 1~2년 후 정점을 치고 3년 후부터는 하락 국면에 접어들까? 정답은 '그럴 수도 있고 아닐 수도 있다'다. 너무 뻔한 대답이지만 어쩔 수 없다. 2008년 금융위기와 앞으로

부동산 버블지수 산정 기초데이터

구분	시중은행 정기 예금 평균 금리 (1~2년 미만)2(연리%)	회사채 (AA-)	아파트 매매가격지수 (계절조정), 한국감정원	전국	서울	강남
2003	4.25%	5.40%	2003년 12월	63.1	61.5	62.8
2004	3.87%	4.73%	2004년 12월	62.6	60.9	61.9
2005	3.72%	4.68%	2005년 12월	66.2	66	69.8
2006	4.50%	5.17%	2006년 12월	75.4	81.5	88.9
2007	5.17%	5.70%	2007년 12월	78.8	87.1	91.2
2008	5.87%	7.02%	2008년 12월	82.7	93.3	90.9
2009	3.48%	5.81%	2009년 12월	84	95.6	94.4
2010	3.86%	4.66%	2010년 12월	85.6	93.6	92.8
2011	4.15%	4.41%	2011년 12월	92.6	93.2	92.3
2012	3.70%	3.77%	2012년 12월	90.6	86.9	84.9
2013	2.89%	3.19%	2013년 12월	91.2	85.7	84.2
2014	2.54%	2.98%	2014년 12월	93.6	87.4	85.9
2015	1.81%	2.08%	2015년 12월	98.2	93.2	92.1
2016	1.56%	1.89%	2016년 12월	98.9	96.2	95.6
2017	1.67%	2.33%	2017년 12월	100	100.7	101.1
2018	1.98%	2.74%	2018년 11월	100.2	109.1	110.6

출처: 한국은행 통계사이트

닥칠 수도 있는 금융위기를 비교하는 후반부에서 다시 언급하겠지만 모든 버블과 이에 수반되는 버블의 종말, 즉 금융위기는 그 버블을 가져온 이유와 배경 그리고 이에 대한 정부의 대처에 따라 각기 다른

2003~2018 부동산 버블지수

구분		전국	서울	강남		전국	서울	강남		전국	서울	강남
2003		0.00	0.00	0.00		-	-	-		-	-	-
2004		-3.21	-3.24	-3.60		-	-	-		-	-	-
2005		-2.38	-0.84	1.55		-	-	-		-	-	-
2006		3.50	11.43	17.35		-	-	-		-	-	-
2007		2.99	13.22	15.75		-	-	-		-	-	-
2008		2.00	14.65	10.59		-	-	-		-	-	-
2009	장기 버블지수	-0.47	13.28	10.34	중기 버블지수	0.00	0.00	0.00	단기 버블지수	-	-	-
2010		-2.47	7.76	5.14		-1.98	-6.07	-5.62		-	-	-
2011		0.75	3.68	0.89		1.27	-10.74	-10.33		-	-	-
2012		-4.68	-5.96	-9.93		-4.14	-20.92	-21.57		-	-	-
2013		-6.98	-9.99	-13.51		-6.42	-25.40	-25.51		-	-	-
2014		-7.30	-10.94	-14.52		-6.72	-26.77	-26.84		0.00	0.00	0.00
2015		-4.67	-7.06	-10.28		-4.07	-23.19	-22.83		2.02	3.39	3.83
2016		-5.75	-5.80	-8.55		-5.13	-22.20	-21.32		0.84	4.64	5.61
2017		-6.76	-3.35	-5.15		-6.12	-20.07	-18.16		0.25	7.56	9.56
2018		-9.09	2.58	1.83		-8.43	-14.53	-11.48		-1.54	14.10	17.23

모습을 보인다. 역사는 되풀이되기도 하지만, 똑같은 모습으로 되풀이되지는 않는다. 투자자와 규제기관 모두 지난 역사에서 배운 것을 현재에 적용하기 때문이다.

단기 버블지수를 보면 2017~2018년 사이에 강남을 중심으로 과매수 양상이 강력하게 나타났다. 이에 대한 정부 정책에 따라 이후 버블의 모습과 크기는 달라질 수 있다. 만약 과매수 양상이 강하게 나타나는 지역을 중심으로 재건축 완화 같은 강력한 공급정책을 폈더라면 버블은 상당부분 억제될 수밖에 없을 것이다. 하지만 현 정부의 특성 상 공급정책은 과매수 지역이 아닌 엉뚱한 지역을 타깃으로 할 수밖에 없었고 이를 강력한 수요억제책으로 보완하려 했다. 그 이유와 결과는 이미 2017년 전작에서 예측한 바 있고, 현재까지는 예상대로 흘러가고 있다. 하지만 버블의 발생 여부를 예측할 수 있는 것과 별개로 이 버블의 크기가 얼마나 커질지는 지켜보는 수밖에 없다. 버블이 꺼지는 징후가 보일 때까지는 계속적으로 버블이 지속될 것이라고 가정할 수밖에 없는 것이다.

물론 버블이 꺼질 때까지 넋 놓고 지켜보고 있다가 시장이 굉음을 울리며 무너지는 시점에서야 '아 이제 버블이 꺼지는구나' 한탄할 수는 없다. 재산이 걸려 있는 문제인데 그렇게 속 편하게 기다릴 수는 없지 않은가. 상황이 닥치기 직전까지 버블의 붕괴 여부를 판단할 수 없다면 여기에 재산의 상당부분을 투자하는 것은 잘못된 판단이다. 내가 이해하고 통제할 수 있는 다른 투자처를 찾아야 한다.

다음 장에서는 부동산 버블지수의 향방을 가늠할 수 있도록 버블의 추이를 판단하고 예측하는 데 필요한 지표들을 소개하고 설명할 것이다. 이번 장에서 소개한 부동산 장기 버블지수를 가지고 현재 시점이 버블인지 과매도 국면인지 혹은 평온한 정상 국면인지에 대한 판단을 한 후, 다음 장에서 설명하는 지표들을 이해하면 앞으로 이 버블이 계속 지속될지 혹은 붕괴할지 판단하는 데 활용할 수 있다. 물론 이 지표들은 버블이 아닌 과매도 국면에서는 반등을 암시하는 지표로도 이용할 수 있다. 내가 2013~2014년 무렵에 저평가된 부동산을 집중 매수한 이유는 이 때가 버블지수 상 저점이라고 판단해서가 아니다. 당시 버블지수는 2010년에 비해 상당히 하락해 있었지만 1층 밑에 지하실이 없으리라고 그 시점에서 지수만 보고 누가 판단할 수 있을까. 1층 아래에 지하실이 있을지 혹은 1층을 찍고 다시 2층으로 올라갈지는 지수 자체가 아니라 이제 나올 지표들을 보고 가늠해보는 것이다.

지금은 버블의
어디쯤일까

10년 주기 버블론
그 근거는?

버블에 대한 지표들을 본격적으로 소개하기에 앞서 2019년 초 현재 회자되고 있는 가장 일반적인 버블론에 대해 한번 짚고 넘어가 보도록 하자. 이 버블론의 핵심에는 10년 주기설이 있다. 1998년에 우리나라뿐 아니라 아시아 전체를 강타한 외환위기가 있었고, 그로부터 딱 10년 후인 2008년 서브프라임 모기지 사태에서 비롯된 금융위기가 발생했으니 10년이 지난 지금도 이제 무언가 위기가 올 시점이라는 것이다.

부동산뿐 아니라 경제자체는 순환을 한다는 것이 정설이고 실제 입증된 사실이기도 하다. 그리고 지난 20세기 후반의 몇몇 사례들을 보면 경제는 크게 10년을 주기로 순환하는 것처럼 보였다. 하지만 이 10년 주기설이 퍼진 이유는 꼭 10년이라는 수치가 맞아 떨어진다기보다는 10진법을 쓰는 우리의 수 감각에 맞추어 볼 때 7년설이나 12년설보다는 10년설이라고 하는 것이 보다 기억하기도 쉽고 사람들에

미국 경기둔화 및 S&P 지수 하락률

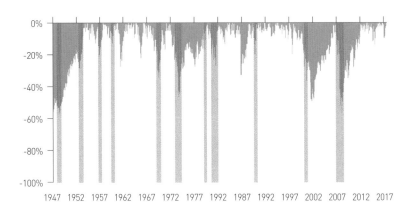

출처: JP모건

게 받아들여지기도 쉽기 때문일 것이다. 그렇다면 이 10년 주기설은 얼마나 근거가 있는 것일까?

위 그래프는 JP모건에서 제2차 세계대전 이후 미국에 발생한 경기침체Recession와 이에 따른 주식시장 하락 국면 주기를 도식화한 것이다. 10년마다 주기적으로 발생하는 것처럼 보이는가? 전혀 그렇지 않다는 것을 한눈에도 알 수 있을 것이다. 결론적으로 10년 주기설은 대중들에게 어필하기 위해 뭔가 딱 떨어지는 표현이 필요했던 일부 학자들이나 언론에서 확산시킨 표현일 뿐 실제 경기는 10년이나 혹은 8년, 12년을 주기로 순환하지 않는다. 가장 최근의 한두 사례에서 두드러져 보였을 뿐 이 적은 사례를 가지고 앞으로도 그럴 것이라고

제2차 세계대전 이후 미국 경기침체

경기침체 시작	기간(개월)		주요원인
	경기확장	경기침체	
1957년 8월	39	8	긴축재정
1960년 4월	24	10	통화축소
1969년 12월	106	11	1차 오일쇼크
1980년 1월	58	6	2차 오일쇼크
1981년 7월	12	16	통화축소
1990년 7월	92	8	미상
2001년 3월	120	8	닷컴버블붕괴
2007년 12월	73	18	금융위기

출처: JP모건

예측하는 것은 전형적인 귀납법의 오류일 뿐이다. 사례가 부족해도 너무 부족한 것이 10년 주기설이다.

각각의 경기침체가 왔을 때마다 그 이유도 달랐고 지속기간도 그때그때 상황에 따라 제각각이었다. 경기확장 국면이 짧게는 12개월인 적도 있었지만 무려 120개월인 적도 있었고 경기침체 기간 역시 6개월에서 18개월까지 그때그때 달랐다. 사례도 통계적으로 유의미할 정도로 많지 않고, 또 그 기간이 워낙 들쭉날쭉이기 때문에 별 의미도 없다. 하지만 굳이 평균을 내본다면 지난 100년 동안 경기확장 국면 기간은 평균 47개월, 경기침체 국면 기간은 평균 15개월이었다.

10년이라는 숫자는 최근 한두 사례에서 온 것이다. 최근 10년 주기설을 주장하는 사람들이 강조하는 것은 경기확장 국면의 기간이다. 이들의 주장은 지금까지 가장 긴 경기확장 국면은 2001년 닷컴 버블이 터지기 전까지의 120개월이었다는 것이다.

이는 미국의 사례로 미국은 1990년대 후반 동아시아를 강타한 외환위기의 영향을 전혀 받지 않았고, 1990년대 초반 시작한 3차 산업혁명에서 비롯된 신경제의 과실을 즐기고 있었다. 3차 산업혁명에서 시작된 경기확장 국면은 역시나 1990년대 후반의 버블을 가져왔고 버블이 붕괴된 후에는 3차와 4차 산업혁명의 간극이 가져온 저성장시대가 시작되었다. 이 버블 붕괴와 저성장 시대의 시작이 어우러지면서 경기침체가 길어지자 이를 벗어나기 위해 미국 연준은 금리를 지나치게 빠르게, 또 지나치게 낮게 내린다. 여기서 유발된 또 다른 버블이 터지면서 2008년 금융위기가 초래된 것이다. 이처럼 버블은 위기를 낳고 그 위기에 대한 대처가 또 다른 버블을 낳는다.

금융위기 후 반등한 미국 경제의 경기확장 국면은 이제 120개월에 육박하고 있다. 그렇기에 '이제 경기가 수축할 때도 되지 않았냐'는 것이 10년 주기설을 주장하는 사람들의 논리다. 하지만 과거 120개월의 경기확장 국면이 역사상 가장 길었다는 이들의 주장은 잘못된 것이다.

20세기 후반의 경기확장 국면 중 가장 길었던 사례는 호주와 네덜란드로 120개월이 아니라 무려 300개월 이상이다. OECD 조사에 따르면 네덜란드는 1980년부터 2008년까지 무려 28년간 경기확장 국면을 경험하였고, 1990년에 시작된 호주의 경기확장 국면은 역시 28년이 지난 지금도 현재진행형이다. 특히 호주의 사례는 적극적인 이

민정책과 중국의 투자, 그리고 요소요소마다 적기에 이루어진 호주 정부의 경기부양책이 어우러진 아주 예외적인 사례라고 할 수 있다. 일본도 예외적인 경기회복 국면을 보이고 있다. 모테기 도시미츠 일본 경제재생담당상은 일본이 제2차 세계대전 이후 최장기간 경기회복세에 접어들 가능성이 높다고 밝혔다. 일본의 경기확장은 2012년 12월 시작되었고 2019년 1월은 이전 기록과 동률, 2월부터는 신기록이다.

그렇다면 현재 중요한 것은 최근의 한두 사례에서 유래한 10년 주기설을 기계적으로 현 시점에 대입해 한 달 두 달 남은 개월 수를 계산하기보다는, 지금의 경기확장 국면이 호주나 네덜란드 사례처럼 예외적인 사례가 될 것인지 만약 그렇다면 그 근거는 무엇인지 점검해보는 작업이 필요할 것이다.

지금은 예외적인 경기확장 국면인가?

이번 책의 주제는 부동산 시장이니만큼 전반적인 거시경제에 대해서는 딱 필요한 만큼만 최소한으로 다루고 바로 부동산 시장의 주요 지표들로 넘어가도록 하겠다. 이번 경기확장 국면이 기간과 고점이라는 측면에서 예외적일 수 있다는 근거는 바로 '예외적으로 풀린 유동성'에 있다. 2008년 금융위기가 오자마자 미국 연준은 본원통화 공급을 1년 만에 두 배로 늘렸다. 그 이전까지 이 정도의 유동성 공급이 늘어나는 데는 보통 20년 가까이 걸렸는데 그 어려운 걸 버냉키가 1년 만에 해낸 것이다. 그만큼 상황이 심각했기 때문이다.

참고로 벤 버냉키가 하필 이시기에 연준의장이 된 배경도 전공분

미국 본원통화 공급

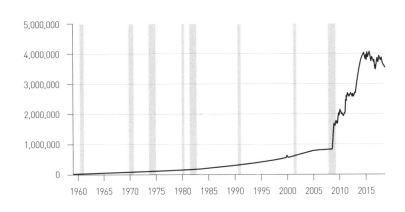

출처: 미국 연방준비위원회 FRED

야가 바로 20세기 초반의 대공황이었기 때문이다. 1년 만에 본원통화를 두 배로 늘려도 별 효과가 없자 연준은 2014년까지 유동성 공급을 무려 4.5배로 늘려버린다. 예외적인 일의 배경에는 늘 예외적인 원인이 있기 마련이다. 이번 경기확장 국면을 통상적인 과거 사례 한두 건을 보고 비슷하게 흘러갈 것이라고 속단할 수 없는 이유다. 물론 2014년 이후 미국 연준은 금리 인하뿐만 아니라 양적완화도 종료했고 유동성을 회수하기 위한 방안 수립에 골몰하기 시작했다.

하지만 위 그래프에서 나타나듯 논의를 '시작한' 것이지 실제 시장에 널리 풀린 유동성은 아직 본격적으로 회수되지 않고 있다. 더구나 생각하고 넘어갈 것이 금리 인상과 양적완화 종료는 미국에 국한된 일이라는 사실이다. EU는 여전히 양적완화를 종료하지 않고 있으며,

닷컴 버블 이후 유례 없는 상승기간과
상승폭을 보여준 S&P500

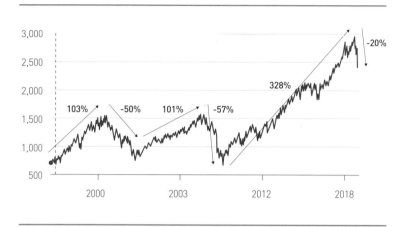

마이너스 금리 또한 유지하고 있다. 2018년 말 기준으로 유럽중앙은
행 ECB의 기준금리는 0%, 예금금리는 여전히 마이너스다.

　이미 전 세계적인 유동성 공급의 진원지인 미국 증시는 트럼프의
친시장 정책까지 더해지며 예외적인 호황을 누리고 있다. 경기확장
국면의 선례가 최장 120개월이니 이제 올만큼 왔다는 주장을 하려면
같은 논리로 미국의 증시도 3~4년 전에 이제 올만큼 왔으니 빠질 때
가 되었다는 주장을 했어야 한다(2015년 무렵 증시가 조정을 받으면서 이런 주
장이 있긴 했다).

　하지만 미국의 증시는 선례를 깡그리 무시하고 전례 없는 상승세
를 지속하면서 새로운 선례를 만들고 있다. 이번 상승장 전에는 보통
3~5년 상승하고는 다시 출발점으로 돌아가곤 했다. 지금 미국 증시

는 2009년 이후 9년 이상 상승장을 이어가고 있다. 물론 2018년 말 미국 주가가 폭락하긴 했다. 월스트리트에서 조정이란 전고점 대비 20% 이상 빠지는 것을 말하는데 전고점 대비 최대 20% 정도 하락하며 조정 시그널을 강하게 보였다. 하지만 주가는 2015~2016년에도 이 정도 수준의 조정을 받고 다시 상승했다.

주가를 예상하려고 하지는 말자. 이 책의 주 관심사도 아니거니와 장기적으로는 부동산과 주가가 함께 가는 게 사실이지만, 단기적으로는 꼭 그런 건 아니다. 이 책에서는 주가지수의 등락보다는 거시경제적인 지표를 위주로 점검할 것이다. 물론 이 상승세는 무한히 지속하지 않고 언젠가는 꺾일 것이다. 하지만 그 언젠가를 예측하는 데 '너무 오래 올랐으니 이제 빠질 때가 되었다'는 식의 논리는 쓸모 없다. '왜 올랐고 왜 빠지는지'에 대한 근거가 필요한 시점이다. 이제 우리의 주관심사인 부동산 시장 지표들을 점검해 보도록 하자.

부동산 버블을 판단하는
객관적 지표들

주식과 달리 지난 상승세에 아직 미치지 못하는 상승장

주식시장, 특히 미국의 주식시장은 예외적인 유동성 공급과 트럼프의 친 시장정책에 힘입어 유례없는 상승장을 보여왔다. 과거 주식시장은 '5년 동안 100% 오르고 2~3년간 50% 떨어지고'를 반복했는데 이번 상승장은 무려 10년 가까이 300% 이상의 상승세를 보였다.

하지만 부동산 시장은 미국이나 한국 모두 이런 주식의 상승세는 고사하고 지난 부동산 상승기만도 못한 상승세를 보였다. 이는 학습효과 때문이다. 다들 부동산 시장에서 촉발된 지난 금융위기의 악몽에서 벗어나지 못하고 지극히 위축된 모습을 보였기 때문이다. 이는 조금 뒤 나올 부동산 시장의 수요공급 지표에 적나라하게 드러난다.

한국 부동산 시장은 1990년대 후반 외환위기의 영향을 강하게 받

물가상승률 감안한 한국 부동산 실질 가격

- 1990~1997년 실질 주택 가격 하락
- 1998년 외환위기로 급락

출처: BIS

았다. 그리고 1990년대에는 주택 200만 호 건설이라는 단군 이래 최대의 주택공급 사업이 있었다. 1980년대 후반 3저 호황으로 사회에 유동성이 넘쳐나며 증시와 부동산이 다 함께 들썩이기 시작했다. 당시 노태우 정부는 주택 200만 호 건설이라는 극단적인 공급정책을 들고나와 부동산 급상승의 근원지인 서울을 겨냥해 신도시 건설을 무리하게 밀어붙였다. 강남의 수요는 분당으로 분산되었고 서남권은 산본과 평촌, 서북권의 수요는 일산으로 분산되며 단군 이래 최대 호황이었던 1990년대 대한민국 집값은 미동도 하지 않았다. 아니 당시의 경제성장률과 금리, 물가를 감안한 실질 부동산 가격은 큰 폭으로 하락한 셈이었다.

미국 부동산의 대표적 지수인 S&P Case-Shiller 지수를 보면 미

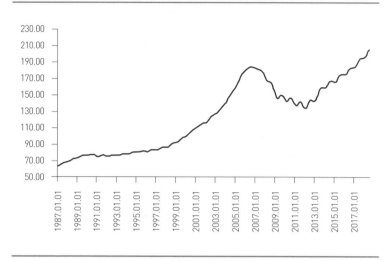

출처: S&P Dow Jones Indice

국 부동산 시장은 1987년의 증시를 강타한 블랙먼데이에서 회복한 1980년대 후반부터 꾸준히 상승세를 탔다. 1990년대 초반에 일시적인 경기침체 국면이 찾아오며 잠시 주춤하기는 했지만, 적어도 1994년 무렵부터는 다시 점진적으로 상승하기 시작하여 2008년 금융위기가 찾아오기까지 무려 15년 가까이 상승분위기를 이어갔다. 1990년대 초반의 길지 않은 조정장세를 무시하고 1980년대 후반의 블랙먼데이 이후로 시점을 잡으면 무려 20년 가까이 상승한 것이다.

미국 부동산 시장의 이런 어마무시한 상승세의 배경에는 신경제라고 불리던 3차 산업혁명이 있었다. 우리에게 보다 친숙한 2000년대 중반의 상승 배경에는 저금리가 있었지만 1990년대는 저금리도 유동성의 대규모 공급도 없었다. 1990년대 연준의 기준금리는 현재 중립금리라고 얘기하는 3%대를 우습게 뛰어넘는 5~6%대였고 한때 6% 중반까지 치솟은 적도 있었다. 미국의 부동산 시장은 이 와중에도 상승세를 거듭했다. 3차 산업혁명 덕분에 경기가 워낙 좋았기 때문이었다.

미국 부동산 시장은 수치상으로 보면 횡보장세를 보인 1991~1994년을 제외하면 1994년부터 2006년 정점까지 무려 12년 이상 상승세를 보이며 평균 2.33배가 올랐다. 사실 미국의 지난 상승장은 1990년대 초반의 조정장세를 무시하고 1987년부터 잡아도 무방하다. 이 경우 상승기간은 19년이다. 이에 비하면 미국 기준으로 2012년에 시작된 이번 상승장은 기간적으로는 앞선 상승장의 절반(혹은 1/3)인 6년에 불과하며 평균적으로 1.53배가 오른 것에 그쳤다.

외환위기 당시인 1998년 11월 저점을 찍은 서울 주택시장은 이후 2004년의 조정장세를 거치면서 2008년 7월까지 9년 동안 무려 3.07배(33.5, 1998년 11월 → 102.9, 2008년 7월) 상승하였다. 반면 미국보다 1년 정도 늦은 2013년 9월 시작한 한국의 이번 상승장은 현재까지 5년이 조금 넘는 기간 동안 약 1.32배 정도 상승하는 데 그쳤다(93.6, 2013년 9월 → 124.0, 2018년 10월). 2000년 초반의 상승폭은 외환위기로 인해 급격히 떨어진 주택가격으로 인한 왜곡효과가 있다고 할 수 있으나, 이번 상승장 역시 2008년 금융위기로 인한 주택가격 하락과 유례없이 풀린 유동성을 고려할 때 지난 상승장에 비해 상승 기간이 지나치게 길거나 상승폭이 과도하다고 단정할 수는 없다.

부동산 시장의 버블 혹은 과매도 국면을 판단하는 지표는 여러 개

KB월간주택가격지수(서울)

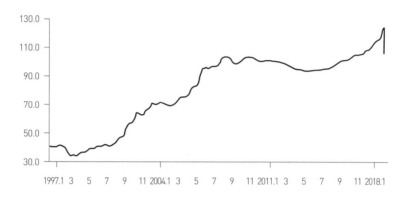

출처: KB

가 있는데 크게 공급 측면과 수요 측면으로 나눠볼 수 있다. 부동산 가격은 다른 모든 가격과 마찬가지로 공급과 수요 두 가지 측면을 보면 예측이 가능하다. 특정지역의 수요와는 달리 여기서 말하는 수요는 시장 전체를 대상으로 하는 유동성 공급을 말한다. 1970~1980년대와 달리 한국은 이미 인구 증가가 부동산의 수요를 자극하는 시절은 지나버렸다. 공급이 부족하거나 수요가 늘어나면(유동성이 늘어나면) 부동산 가격은 상승한다. 반대로 공급이 늘어나거나 수요가 부족하면(유동성이 부족해지면) 가격은 하락한다. 이 둘은 서로를 상쇄할 수도 있다. 1990년대 유동성 공급은 넘쳐났으나 200만 호라는 압도적인 공급물량이 적재적소에 풀리면서 서울 집값이 실질적으로 하락한 사례가 그것이다.

지표별 중요도는 상황마다 다 달라질 수 있는데 현 시점에서 가장 중요한 지표를 꼽으라면 나는 주저 없이 공급측면에서는 서울의 미분양 주택수, 수요 측면에서는 주택담보대출 연체율을 꼽을 것이다. 물론 각 지표마다 이를 보완해주는 추가적인 지표들이 있다. 물론 신중을 기하기 위해 추가적인 보조지표들을 함께 확인하는 것은 반드시 필요하지만 보조적인 지표들은 말 그대로 거들 뿐, 현 상황에서는 이 두 지표 만을 보아도 과감하게 앞으로 부동산 시장의 향방을 점칠 수 있다.

많지 않은 집, 특히나 부족한 새집

공급 측면에서 특히 서울의 지표들은 매우 암울하다. 이보다 더 극단적일 수 없을 정도로 심각한 공급부족을 나타내고 있다. 먼저 미분양 주택 수를 한번 보자.

지금 서울의 미분양 주택수는 실질적으로 0이다. 주택을 지어놓으면 다 팔리는 것이다. 일부 엄한 지역의 나홀로 아파트 등이 미분양으로 남아 있을 수 있으나 우리가 주저 없이 아파트라고 부를 만한 것들은 짓기도 전에 다 깡그리 팔려나가고 있다.

반면 지방 미분양 주택은 아직 여유가 있다. 전국의 미분양 주택수는 6만 세대 정도인데 서울이 0이니 이 물량이 전부 지방의 미분양이라고 보면 된다. 이 정도면 심각한 적체수준은 아니고 부동산 버블 이전 수준으로 적정 재고 선이라고 볼 수 있다. 하지만 일부 지역의 경우는 지엽적인 부동산 경기침체가 겹치며 미분양 주택의 재고가 쌓여가고 있는 상황이다.

서울 미분양 주택

단위: 호

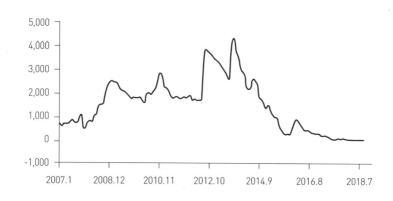

출처: 한국감정원

전국 미분양 주택

단위: 호

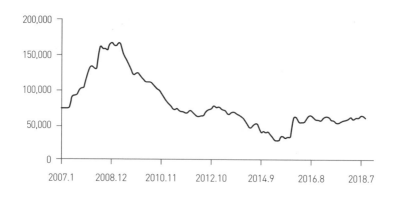

출처: 한국감정원

그렇다면 왜 이렇게 서울에서는 아파트를 짓기만 하면 다 팔려나가는 것일까? 주택관련 통계를 보면 엄연히 우리나라의 주택보급률은 100%를 상회하고 있고 집은 남아도는 것 같다. 역시나 투기공화국이라 사람들이 앞뒤 안 가리고 부동산 투기에 뛰어들어 묻지마 투자를 하고 있다는 반증인 걸까? 그건 아니다. 서울에 미분양 주택이 실질적으로 0에 수렴하는 이유는 사람들이 살고 싶어하는 새 아파트가 극단적으로 부족하기 때문이다. 새 아파트에 대한 사람들의 선호는 굳이 일일이 설명하지 않아도 다들 공감할 것이다. 브랜드나 평면을 넘어 커뮤니티 시설과 주차공간, 스마트홈 기능뿐 아니라, 공동주택에서 민감할 수밖에 없는 층간소음에서도 바닥두께 규제가 강화된 후 지어진 아파트에 대한 선호도가 높을 수밖에 없다.

이처럼 사람들이 선호하는 새 아파트 공급은 적어도 서울의 선호지역에서는 수요를 따라가지 못하고 있다. 서울에서 준공 5년 이내 새 아파트의 수는 부동산 경기가 호황이던 2000년대 중후반 정점을 찍은 이후 꾸준히 감소하고 있어 현재는 당시의 절반에 불과하다. 그 이유는 지난 부동산 침체기에 공급이 줄어든 측면도 있지만 서울 시내에서 새 아파트를 공급하는 유이한 방안인 재건축과 재개발이 현 정권 들어 강화된 규제로 인해 막혀버렸기 때문이다.

그렇다면 이제라도 주택 공급을 늘리면 되지 않을까? 더구나 언론기사를 보면 2019년에는 서울 일부 지역 입주가 몰리며 역전세까지 우려되고 있는 상황이다.

앞서 언급했던 주택착공 실적을 다시 한 번 떠올려보자. 주택, 특히 아파트는 인허가, 분양, 착공, 준공의 단계를 일목요연하게 거치

서울 신규쥬택 재고 추이

단위: 호

구분	재고		경과연수 5년 이내 재고	
	전체	아파트	전체	아파트
2000년	1,916,537	974,910	460,757	316,937
2005년	2,242,149	1,217,308	583,778	354,460
2010년	2,446,508	1,441,769	324,972	254,107
2015년	2,793,244	1,636,896	402,482	209,213
2016년	2,830,857	1,641,383	422,732	191,982
2017년	2,866,845	1,665,922	421,973	181,214

출처: 건설산업연구원

게 된다. 즉 인허가와 착공 물량만 보면 앞으로 2~3년간 주택 공급에 대해 예측할 필요도 없이 자연히 알 수 있는 것이다. 주택착공 실적은 서울이고 지방이고 가리지 않고 부동산 경기가 회복세에 접어든 2016년에 일시적으로 큰 폭으로 증가했다. 하지만 이후 착공실적이 급감하며 2017~2018년에는 모두 부동산 침체기에 준하는 수준에 머물렀다.

앞으로는 어떨까? 현재 분양 물량을 보면 향후 착공 물량을 가늠할 수 있다. 2016년의 예외적인 착공물량은 역시 2015~2016년의 예외적으로 높은 분양 물량이 있었기에 가능했다. 하지만 정권이 바뀐 2017년부터 분양 물량은 급감하기 시작했고, 한국건설산업연구원의 전망에 따르면 2019년의 물량은 부동산시장이 침체기에 있던 2010년대 초반 물량에도 이르지 못할 것으로 보인다. 서울은 물론이

2019년 주택 분양(승인) 전망

단위: 호

구분	2013년	2014년	2015년	2016년	2017년	2018년	2019년
전국	298,851	344,887	525,467	469,058	311,913	280,000	270,000

출처: 한국건설산업연구원

고 지방 부동산 시장의 침체 역시 오래가지는 않을 것이다.

대출을 옥죄는 정부 vs. 갚을 여력이 충분한 가계

수요 측면에서 살펴봐야 할 지표도 여러 가지가 있겠으나 현재 가장 중요한 수요 측면 지표는 가계대출과 관련된 지표들이다. 부동산에 대한 수요는 인구가 아니라 결국은 '돈의 공급'이 좌우한다. 대표적인 투자자산인 동시에 많은 사람들이 쌈짓돈만으로는 살 수 없는 정말 비싼 자산이기 때문이다. 현재 시중의 유동성은 충분하다. 아니 유례 없을 정도로 과도한 유동성이 시장에 풀려 있고 이는 최근 상승세의 주요 원인이 되었다. 그리고 전 세계적으로나 우리나라나 이 유동성이 단시간에 줄어들 조짐이 보이지 않고 있다.

앞서 말한 대로 미국은 양적완화를 종료하고 축소에 들어갔으나, 유럽은 아직 양적완화를 종료하지 않았고 여전히 마이너스 금리도 유지하고 있다. 미국의 경우 2014년 말에 양적완화는 종료하였으나 이를 회수하는 테이퍼링은 2017년 말에서야 착수하였다. 이와 동시에 금리를 점진적으로 올리고는 있으나, 2019년 중에 흔히들 말하는 중립금리에 거의 도달하고 추가적인 금리인상은 매우 제한적일 것이다. 금리에 대해서는 후반부에 조금 더 자세히 다루겠으나 결론부터 말해 미국이 금리를 꾸준히 인상하던 지난 4년간 미국과 전 세계의 부동산은 꾸준히 상승했다. 금리 인상 시그널이 종료되면 어떤 일이 벌어질까? 그 동안 트럼프 대통령은 연준의 금리인상에 대해 날 선 비판을 늘어놓고 있다. 〈Market News International〉은 연준이 통화 긴축 기조를 중단하는 방안을 고려 중이라고 밝히기도 했다.

한국 역시 과도하게 풀린 유동성이 아직 회수되지 않고 있다. 경제보다는 정치적인 논리로 2017년과 2018년에 각각 한 번씩 인상했으나 부동산을 잡겠다고 금리를 팍팍 올리기에는 누구나 알다시피 한국의 경제상황이 별로 좋지가 않다. 2018년 경제성장률 전망을 보면 세계 1위 경제대국 미국의 성장률이 한국보다 0.1% 높다. 2019년에는 격차가 더 벌어질 수도 있다. 미국이 금리 올렸다고 따라 올릴 수 있는 상황은 절대 아니었던 것이다.

미국이 금리를 올린다 해서 바로 외국투자자들이 빠져나간다는 주장은 경제를 지나치게 단순하게 구조화하는 것이다. 경제와 관련된 원인과 결과는 일대일 매칭이 아니라 다양한 변수가 한 데 어우러져 서로 영향을 주고 받는다. 실제 한국과 미국의 금리차이가 역전이 되고 확대된 2018년 내내 한국 채권시장에 대한 외국인 투자는 계속 증가했다.

결국 과도하게 풀린 유동성을 회수하는 데 어려움을 겪은 정부가 꺼내든 카드는 이 유동성이 부동산 시장으로 흘러 들어가는 길을 콕 집어 핀셋처럼 막는 것이었다. 8.2 대책이나 9.13 대책 모두 이 시중 자금이 주택시장으로 가는 것을 원천적으로 봉쇄하기 위한 정책이 핵심이었다. 예상대로 극단적인 수요억제 정책이 나왔고, 그 효과 역시 적어도 단기간에는 위력을 발휘하고 있다.

9.13 대책이 위력을 발휘한 가장 큰 이유는 대출을 이용한 주택 투자를 막는 것을 넘어 실수요자들이 대출 받아 내 집 마련하는 것까지 일부 막고 있기 때문이다. 물론 주택시장을 세분화해 수요가 적은 지역에 대한 대출은 비교적 과거와 비슷하게 허용하고 있다. 하지만 여기서 한번 생각해보자. 수요가 적은 지역은 대출이 가능하지만 수요가 높은 지역, 다시 말해 사람들이 사고 싶어하고 조금이라도 돈을 모아서 진입하고 싶은 시장으로의 진입은 투기자든 투자자든 실수요자든 가리지 않고 무차별적으로 막고 있다는 뜻이다. 얼마나 오래 지속될 수 있을까?

정책에 대한 판단은 각자의 상황에 따라 호불호가 갈리니 최대한 자제하도록 하자. 이 책은 정부 정책이 마땅히 어떠해야 한다는 정책적 제언을 하고자 쓴 책이 아니다. 정부 정책 또한 시장의 주어진 조건으로 받아들이고 주어진 조건 하에서 어떻게 하면 내 이익을 극대화할 것이냐에 대해 말하고자 하는 것이다. 그렇다면 중요한 것은 이 정책이 지속 가능한 것이며 중장기적으로도 그 효과를 계속 발휘할 수 있을 것인지를 판단하는 것이다.

우리나라의 가계부채는 꽤 심각한 상황으로 보인다. OECD 평균인 GDP 대비 59%를 훌쩍 뛰어넘어 금융이 발달한 선진국 중에서도 상위권에 속하고 있다. 우리나라의 가계부채는 어제 오늘의 이슈가 아니라 지금까지 수년에 걸쳐 꾸준히 증가하면서 지속적으로 경고를 받아왔다. 주택담보대출이나 전세금대출 등 주택 관련 대출을 모두 포함한 한국의 가계부채 규모는 현재 무려 2,300조 원에 달한다. 이

주요국 명목 GDP 대비 가계부채 비율

단위: %

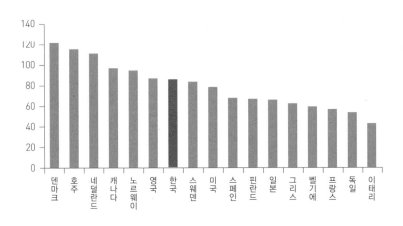

※ 2015년 말 기준, 미국, 호주 일본은 2014년 말 기준   출처: OECD

중 주택관련 대출이 전체의 34%를 차지하며 무려 791조 원에 달한다. 삼성전자를 3개나 살 수 있는 금액인 동시에 국내 주식시장 전체 시가총액의 1/3에 육박하는 금액이다.

사실 이 부분은 상식적으로 생각해도 너무 과도하다는 생각을 지울 수가 없다. 기업도 아닌 일반 가정에서 이런 저런 목적으로 빌려 쓴 돈의 규모가 대한민국 경제의 크기를 상징하는 주식시장 전체 가치의 1/3에 육박한다면 경제에 대해 특별한 지식이 없더라도 이건 무언가 잘못되지 않았는가 하는 생각이 들 것이다.

특히나 최근 들어 이 가계부채가 급증하고 있다. 2014년 이후 GDP 대비 가계부채 순증만 놓고 비교해도 한국이 주요국 중에서 월

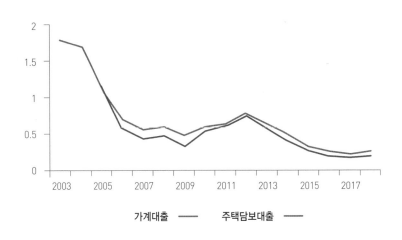

한국 가계대출과 주택담보대출 연체율

단위: %

가계대출 —— 주택담보대출 ——

출처: 금융감독원

등히 높다. 하지만 결론적으로 말해 한국의 가계부채는 전혀 문제가 없다. 현재까지도 문제가 없었고 앞으로도 특별히 금융위기가 오지 않는 한 한동안은 별 문제없을 것이다. 사람들이 대출을 연체 없이 꼬박꼬박 잘 갚고 있기 때문이다. 2000년대 초반부터 현재까지 집계한 한국의 가계대출과 주택담보대출 연체율 그래프를 보자.

먼저 한국의 가계대출 연체율을 한번 보자. 가계대출의 연체율은 신용카드 대란을 겪은 2000년대 초반 1.8%에 육박했으나, 이후 빠르게 진정되며 2000년대 중후반에는 0.5%선까지 낮아졌다. 그때나 지금이나 가계대출의 큰 부분을 차지하는 주택담보대출 역시 마찬가지이다. 신용카드 대란 당시 1%를 넘어섰던 주택담보대출 연체율은 이후 금융시장이 안정되고 부동산 시장이 활황을 보이면서 역시 빠르게 낮아져 2009년에는 0.4% 수준까지 내려갔다. 이후 부동산 시장의 과열을 진정시키기 위해 금리를 급속하게 올리던 순간에 금융위기까지 발생하면서 가계대출과 주택담보대출 모두 0.8%선까지 연체율이 올라갔다. 하지만 높은 연체율은 오래가지 않았고 금융위기 해소를 위해 저금리 정책을 펴자 빠르게 낮아졌다. 여기에 부동산 경기 회복까지 더해지며 2018년 말 현재 한국의 주택담보대출 연체율은 유례없이 낮은 수준인 0.2%대(가계대출은 0.3%대)를 기록하고 있다.

2017년 이후 금리 인상 기조가 유지되며 연체율이 아주 약간 상승하였고 이를 일부 언론에서는 가계부채 부실화 우려에 대한 근거로 기사화하고 있으나, 최근 우리나라의 가계대출 연체율은 역사적으로 볼 때도 이보다 더 좋을 수 없을 정도로 안정된 모습을 보이고 있다. 연체율이 0%라면 제일 좋겠으나 5,000만 명이 사는 국가에서 그게 가능하겠는가. 0.2%대의 연체율이라면 실질적으로 연체는 신경 쓰지 않고 돈을 빌려줘도 된다는 말이나 마찬가지다.

그렇다면 이 0.2~0.3%대의 연체율을 국제적으로 비교해보면 어떤 의미가 있을까? 전 세계적으로 가계대출 연체율이 원래 이렇게 낮은 것이라면, 예를 들어 선진국들의 주택담보대출 연체율은 0.1%도 안 된다면 우리만 특별히 좋은 건 아닐 수도 있고 오히려 경계를 해야 하는 상황일 수도 있다. 미국의 주택담보대출 연체율 그래프를 우리나라와 한번 비교해보자.

미국의 주택담보대출 연체율 역시 2008년 금융위기 당시 큰 폭으로 상승했다 이 후 한국과 동일하게 저금리와 부동산 시장 호황이 겹

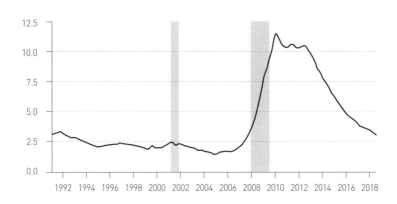

미국 주택담보대출 연체율

단위: %

출처: 미국 연준 FRED

치면서 큰 폭으로 하락했다. 그런데 그 하락해서 안정을 찾았다는 연체율이 무려 2.5%를 넘어선다. 이는 2008년 금융위기 이후 가장 높이 치솟았던 우리나라의 주택담보대출 연체율 0.8%의 3배를 넘어서는 수준이다. 그러니까 우리나라라면 온 나라가 들썩거리며 가계대출 부실화에 대한 우려로 온 신문이 도배되어야 할 수준이 미국에서 안정을 찾은 주택담보대출 연체율 수준인 것이다.

미국의 주택담보대출 연체율이 이렇게 높은 이유는 높은 LTV로 집을 사는 관행 때문이다. 우리나라 LTV 규제는 주택 양도소득세와 더불어 매우 변화무쌍하게 바뀌곤 하지만, 대개 60% 수준에서 규제를 해왔고 부동산 경기가 좋을 때도 70% 선에 머물렀다. 최근 수요가 몰리는 일부 지역은 40%로 규제하거나 아예 대출을 금지시키기

국가별 최고 LTV 비율 현황

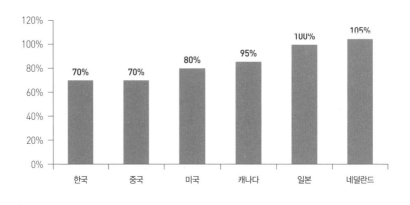

※ 한국은 1금융권(은행) 적용 비율 기준.

출처: 하나금융경영연구소

도 했다. 반면 미국 등 주요 선진국의 LTV는 이보다 훨씬 높아 미국의 대표적 부동산 사이트인 Zillow.com이 최근에 한 조사에 따르면 미국 주택구매자의 52%가 LTV 80% 이상의 대출을 받는다고 한다.

　사실 이 국가별 최고 LTV 비율 현황에도 약간의 설명이 필요하다. 한국은 최고 70%라고 하지만 실제 주택 수요가 몰리는 지역은 40%로 규제를 하고 아예 대출이 불가능한 경우도 많기 때문이다. 한국에서 이제 70%라는 LTV는 투기과열지구나 투기지구는 일단 제외하고, 조정대상지역이나 조정대상지역 외 수도권 혹은 지방 중에서도, 무주택자이면서 서민실수요자라는 증명을 해야 받을 수 있는 LTV다. 미국의 경우 80%로 규제한다고 하지만 실질적으로는 은행 재량에 따라 100%에 육박하는 대출을 하는 경우도 많고(52%가 LTV 80% 이상 대출을 받는다는 의미는 딱 LTV 80%까지만 대출을 받는 게 아니라 그 이상을 받는

국가별 평균 LTV

구분	프랑스	미국	독일	홍콩	영국	한국
평균 LTV	80%	75%	74%	64%	61%	49.4%

다는 의미다), 부동산 경기가 좋을 때는 앞으로 가격상승까지 선반영해 105%, 110%까지 대출을 해주는 일도 왕왕 벌어진다.

그렇다면 정부에서 규제하는 최고 LTV 상한선이 아니라 실제 주택구매자들이 받는 평균 LTV 비율은 어떨까? 국가별 평균 LTV 비율을 보면 역시 한국의 보수적인 대출 관행이 두드러진다. 70~80%를 넘나드는 선진국들의 LTV 비율에 비해 한국은 50%선에 불과하다. 더구나 이 수치는 한국이 침체된 부동산시장을 살리기 위해 LTV 규제를 과감하게 풀어주며 빚내서 집사라고 홍보하던 2014~2015년 무렵의 수치이다. 2018년부터 시작된 LTV 규제로 한국의 평균 LTV 비율은 향후 몇 년간 이보다 훨씬 낮은 수준으로 내려갈 것이다.

한국의 이처럼 예외적으로 낮은 LTV 비율은 주택시가총액 대비 주택담보대출 비율에도 나타난다. 다음 페이지 그래프에서 한눈에 나타나듯이 우리나라 주택의 전체 가치에 비해 가계대출은 매우 안정적인 수준이다. 이를 두고 역으로 그만큼 주택 가격이 높은 것 아니냐는 반론이 나올 수도 있으나 이 부분은 후반부에서 한국의 집값을 논하는 장에서 다시 다룰 것이다. 여기선 '한국의 집값은 여전히 낮은 수준이고, 그 이유는 주택의 품질이 낮기 때문이다'라는 정도만 언급하겠다.

주택시가총액과 가계대출

출처: 헤럴드경제

현재는 그렇다고 치자. 정부가 적극적으로 LTV를 규제한 것이 그만큼 한국 가계부채와 주택시장 안정에 기여한 것이 아닐까? 그러니까 한국의 낮은 LTV 비율이 예외적으로 낮은 한국의 가계대출 연체율의 핵심원인이라면 앞으로도 더욱 LTV를 강화하는 것이 맞는 방향이 아니냐는 말이다.

여기서 우리나라보다 가계부채 비중이 높은 국가들을 한번 보자. 돈 없는 나라들이 빚을 많이 내고 살 것 같지만 GDP 대비 가계부채 비율이든 가처분 소득대비 비율이든 우리나라보다 높거나 유사한 수준의 국가들은 대개 덴마크나 노르웨이, 스웨덴 등 북유럽 복지선진

단위: %

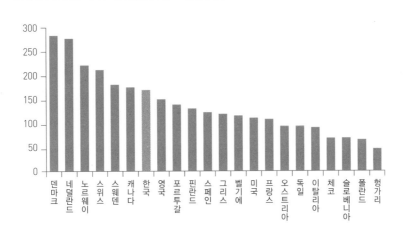

덴마크 / 네덜란드 / 노르웨이 / 스위스 / 스웨덴 / 캐나다 / 한국 / 영국 / 포르투갈 / 핀란드 / 스페인 / 그리스 / 벨기에 / 미국 / 프랑스 / 오스트리아 / 독일 / 이탈리아 / 체코 / 슬로베니아 / 폴란드 / 헝가리

※ 2015년 기준

출처: OECD, 주택금융월보

국들이다. 이들이 이렇게 높은 가계부채 비율을 유지하는 배경에는 빚내서 집사라는 정부의 정책이 있다(어디서 많이 들은 표현 아닌가?).

유럽 주요국들은 주택보유를 촉진하기 위해 각종 인센티브를 제공하는데 그 중 핵심은 세제정책이다. 나는 전작《오르는 부동산의 법칙》에서 미국과 한국의 각기 다른 부동산 관련 세제를 비교하는 데 많은 부분을 할애했다. 세금이야말로 정부에서 가장 쉽고 빠르게 부동산 시장의 흐름을 바꿔놓으며 정책 목표를 달성할 수 있는 방법이기 때문이다. 유럽 국가들도 마찬가지이다. 그렇기 때문에 이 국가들도 국민들의 주택구매를 촉진하기 위해 다양한 세제혜택을 제공한다. 다음 페이지 그래프에서는 2에 가까울수록 주택구입을 장려하는

단위: %

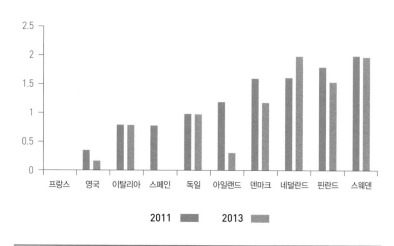

출처: Rima Turk Ariss, Housing Price and Household Debt Interaction in Sweden

세제혜택을 제공하는 국가이고, 대표적으로 스웨덴, 노르웨이, 덴마크, 핀란드 등이 이에 해당한다.

이들 국가들의 LTV가 높은 이유는 주택담보대출 이자와 양도세, 취득세 등에 대한 세제혜택 등 다양한 혜택을 제공해 주택구입을 장려하기 때문이다. 그 이유 역시 미국과 마찬가지다. 국민들이 하루빨리 내 집을 마련해 가족들과 안정적인 삶을 영위하는 것이 건강한 사회의 핵심기반이 되기 때문이다.

정부 정책에 대해 내 자신의 이익을 앞세워 호불호를 따지는 게 술자리 토크는 될 수 있을지언정 투자에 대한 책의 논조로는 바람직하지 않다. 나한테 이익이 된다고 세상이 반드시 그 방향으로 가야

북유럽 주요국 부동산 관련 세제

구분	덴마크	노르웨이	스웨덴	핀란드
주택보유세	2000년 폐지	2004년 폐지	1991년 폐지	1993년 폐지
주택 양도세	일정기간 거주 면제	2년 거주 면제	매매차익 다른 주택 투자 시 면제	2년 거주 면제
주택대출 세제혜택	33% 공제	28% 공제	30% 공제	29% 공제
재산세	1~3%	0.2~0.7%	1,300~7,000 크로나 (160만 원~870만 원)	0.32~1.35% (생애최초구입자 취득세 면제)

출처: Reiakvam & Solheim, 주택금융월보

한다는 주장은 실제 그리 될 리도 없고 사람들에게 공감 받을 수도 없다. 하지만 우리보다 먼저 안정된 사회를 만들어낸 선진국들의 사례를 보면서 현재 우리가 겪고 있는 상황(정부 규제책)이 지속 가능한 것이고 소기의 목적을 달성할 수 있는 것인지 따져보자는 것이다. 핵심은 그게 맞느냐는 당위성에 대한 논쟁이 아니라 지속 가능한 정책이냐는 것에 대한 판단이다.

먼저 현재 정부의 극단적인 수요억제정책(전 방위적인 대출규제)은 다주택자뿐만 아니라 실수요자들까지 주택시장에서 퇴출시키고 있다. 주택수요가 낮은 지역의 서민실수요자나 무주택자라면 대출을 받을 수 있으나 자산과 수입이 모두 서민임을 입증한 실수요자들이 굳이 수요도 별로 없는 지역에서 대출을 턱밑까지 받아가며 집을 살까?

정부에서 제시한 서민실수요자 기준은 부부합산 연 소득이 6,000만 원 이하인 무주택자다. 여기에 투기지역 및 투기과열지구 외에서

5억 원 이하의 주택을 구입할 때만 LTV를 10% 더 인정받을 수 있다. 이에 대해 너무 빡빡하다는 지적이 나오자 최근 신혼부부에 한해 연소득을 7,000만 원으로 완화하고 자녀 수에 따라 연 소득은 최대 1억 원, 주택구입가격은 6억 원까지로 인정해주고 있다. 과연 이들 중 주택가격이 별로 오르지 않은 지역에서 대출을 최대한도로 받아가며 집을 살 사람이 얼마나 될까? 연 소득 7,000만 원 이상이면 대부분의 대기업이나 공기업 직장인들이 해당된다. 맞벌이라면 대부분의 중견 기업 이상 직장인들이나 공무원들도 해당될 것이다. 이들은 적어도 현 정부 기준으로는 실수요자가 아닌 것이 된다. 더구나 신혼이 아니라면 이 기준은 6,000만 원으로 내려간다.

어차피 이번 정책의 목적이 최대한 집을 못 사게 억제하는 것이라면 이런 점은 큰 문제가 되지 않을 수도 있다. 일부 실수요자들의 불만이 높아질 수는 있으나 이들이 이런 이유로 정권에 대한 지지를 철회하지만 않는다면 현 정부로서도 큰 부담 없이 추진할 수 있는 정책이다. 하지만 더 큰 문제는 실수요자를 일시적으로 퇴출시키는 데 있지 않다. 큰 문제 중 하나는 금융시스템의 중심인 은행 영업을 과도하게 억누르는 것이고, 또 하나는 어차피 투자자들은 우회로를 찾아 투자할 것이라는 사실이다.

현재 국내은행의 부실채권 비율은 0.96%로 금융위기 이후 최저점을 기록하고 있다. 앞서 말한 가계부채뿐만 아니라 기업들의 부실채권 비율도 빠르게 줄고 있다. 그만큼 부동산시장뿐 아니라 전반적인 경기가 그 동안 좋았기 때문이다. 하지만 사상 최저점을 기록한 국내은행 부실채권 비율이 앞으로는 더 올라갈 가능성이 크다. 0.3%대까지 내려간 가계대출 연체율에 비해 대기업대출 연체율은 수년간 1%대에 육박해 있었고 최근 빠르게 상승했다. 중소기업대출은 더 말할 것도 없다. 내수를 비롯해 경기가 전반적으로 안 좋아지고 있기 때문이다.

물론 경기가 안 좋아진다고 반드시 금융위기나 외환위기가 발생하는 것은 아니다. 그런 상황이 온다면 부동산이고 경제고 안 가리고 망가질 것이 뻔하니 그런 조짐이 보인다면 사는 집 외엔 모든 자산을 현금화해서 금이나 달러로 바꿔놓아야 한다. 미국마저 안 좋은 상황이라 달러에 대한 신뢰도까지 떨어진다면 금밖에 피난처가 없을 수 있지만 그쯤 되면 대개의 사람들은 직장에서 퇴출되고 집이 아니라 식비와 애들 학비를 걱정해야 할 상황일 수도 있다.

그 정도는 아니더라도 현재 한국의 경제상황이라면 은행은 중소기업들과 일부 대기업에 대한 대출을 보수적으로 집행할 수밖에 없을 것이다. 그런데 사상 최대 규모의 유동성을 보유한 은행들이 연체율 0.2~3%대의 땅 집고 헤엄치는 안전한 대출시장에서 퇴출되고 있다. 문제는 이 유동성이 정부의 바람대로 부동산 시장에 영향을 주지 않는 어딘가로 슬그머니 사라질 수 없다는 것이다.

언제나 그랬지만 이런 인위적인 규제는 틈새시장을 만들어내고 누군가는 이 와중에 손쉽게 돈 버는 방법을 찾아낸다. 지난 외환위기 때 많은 외국계 금융기관들이 그 역할을 한 바 있다. 현재도 바뀐 것은 없다. 골드만삭스는 2018년 7월, 정부 규제로 국내은행의 참여가 막힌 이주비 대출 시장에 진입해 손쉽게 2%의 수수료를 벌었다. 손 안 대고 코 풀었다는 표현이 딱 들어맞는 이 사업에 뛰어들면서 골드

골드만삭스의 재건축 이주비 추가대출 구조

※ 4년 후 원금 상환 조건. 이자 외에 금융기관 수수료 2% 별도. 이주비 추가 대출 규모는 사업시행인가 시점 감정 평가액의 20%

출처: 매일경제

만삭스는 '강남 아파트는 안전자산이다', '고수익 저위험 구조의 매력적인 사업이다'라며 이 시장에서 퇴출된 국내은행들과 울며겨자먹기로 시중은행보다 높은 금리를 감당할 수밖에 없는 조합원들의 염장을 지르는 발언을 늘어놓았다.

골드만삭스의 이주비 집단대출 시장 진입은 하나의 시그널일 뿐이다. 더 많은 기관(특히 외국계 금융기관)들과 투자자들이 더 많은 우회로를 찾아낼 것이다. 왜냐하면 극단적으로 낮은 주택담보대출과 가계대출 연체율에서 보듯 한국의 주택시장 참여자들은 아직 대출을 받아 투자할 수 있는 여력이 상당히 많이 남아있기 때문이다. 수요가 있으면 공급루트를 찾아내는 것은 사업자들의 숙명이다. 그리고 그루트가 복잡하면 복잡할수록 통행료는 올라가고 시장이 왜곡되면서 일부 발 빠른 시장 참여자들에게 눈먼 수익을 가져다 줄 수밖에 없다.

그리고 모든 경우에 그렇듯이 정부 규제는 이런 자기 재산을 걸고 투자를 하는 투자자들과 이미 다양한 국가에서 유사한 사례들을 경험해본 산전수전 다 겪은 외국계 금융사들이 고안해 낸 우회로를 선제적으로 차단하지 못할 것이다. 이미 선수들은 다 한탕씩 해먹고 일반 서민들에게까지 소문이 날 때쯤 되어서야 정부 규제가 들어갈 것이고, 그때는 역시 또 남들 한상 잘 차려먹고 떠난 자리에서 서민들만 남아 설거지를 담당하며 정부와 투기꾼 욕을 하게 될 것이다.

1990년대 말 외환위기 당시 한국의 부동산 자산을 헐값에 매입했던 외국계 금융사 중 일부는 이를 매각하는 과정에서 얼마 되지 않는 양도세를 아깝게 생각했다. 이들은 해당 자산을 보유한 페이퍼 컴퍼니의 채권을 매각하는 당시로서는 기상천외한 방법을 찾아내어 결국 세금 한푼 안내고 매각차익을 고스란히 챙겨 이 나라를 떠났다. 물론 한국정부는 이 일을 겪은 후에야 관련 법령을 정비했다.

대출을 옥죄는 현재 정부의 수요억제 규제는 공급측면의 정책과 어우러지면서 특정 지역 부동산 자산에 대한 선호를 더욱 강화하고 양극화를 심화시킬 수밖에 없다. 다주택자에 대한 징벌적 과세와 서울시, 특히 강남재건축 규제는 속칭 똘똘한 한 채에 대한 선호도를 극단적으로 높일 수밖에 없기 때문이다.

물론 한국의 가계부채가 앞으로도 지속적으로 안정세를 탈 것이라는 것은 아니다. 경기가 안 좋아진다면 가계부채상환 역시 타격을 받을 수밖에 없다. 그리고 한국의 가계부채는 그 규모 면에서 유심히 관찰해야 할 수준을 넘어선지 이미 오래다. 현재 한국의 DSR_{Debt to Service Ratio}는 12%를 넘어섰다. 2018년 3분기를 기준으로 9.9%인 미국 수준을 뛰어넘어 금융위기 직전인 2007년 미국의 DSR인 13%에 육박하고 있다.

한국 DSR 추이

단위: %

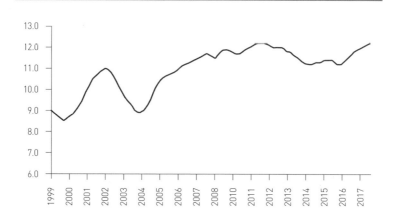

출처: BIS

미국 외 국가들과 국제비교를 해보아도 한국의 DSR은 현재 유의 수준이다. 지속적으로 감소하고 있는 미국과 일본의 DSR 증가율뿐 아니라 호주나 캐나다 등과 비교해보아도 한국의 DSR 증가율은 매우 높은 수준이다.

물론 부동산 시장의 선행지표로서 대출금액 자체보다 중요한 지표는 연체율이다. 미국의 사례를 봐도 부동산 시장 호황으로 지속적으로 하락하던 주택담보대출 연체율이 금융위기 직전부터 상승하기 시작해 1990년대 초반 경기침체 국면 수준까지 올라가고 금융위기가 연이어 발생했다. 한국의 연체율은 현재로서는 아무런 위험징후를 보여주지 않고 있다. 하지만 이 연체율의 선행지표라고 할 수 있는 DSR은 이미 위험징후를 보이고 있다. 바로 이러한 점들 때문에

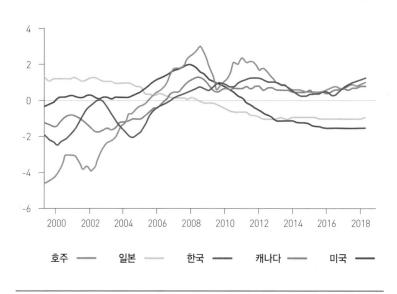

호주 —— 일본 —— 한국 —— 캐나다 —— 미국 ——

출처: BIS

'언제든지 버블에서 내려올 준비를 할 수 있는' 일부 적극적인 투자자들만 이번 버블 초입에 올라타라는 것이다. 여기서 준비는 '마음의 준비'를 말하는 것이 아니라 언제든지 자산을 현금화할 수 있는 타이밍과 방법을 스스로 포착할 수 있는 지식과 경험을 말하는 것이다.

지금까지 부동산 시장에서 수요와 공급 측면의 핵심지표 둘을 살펴보았다. 이제부터 이를 뒷받침하는 근거가 되는 지표들을 더 자세히 알아볼 것이다. 수요 즉 유동성을 정부가 옥죄고는 있으나, 수요자들은 여전히 대출을 감당할 여력이 있고 꾸준히 우회로를 찾고 있다. 후반부에 설명할 각종 지표들과 사례들도 이 유동성이 줄지 않고 있다는 것을 보여줄 것이다.

다만 증가하는 DSR 등 위험 수치가 어느 정도 올라가고 있는 수요 측면의 지표와 달리 공급 측면의 지표는 너무 명약관화하게 일관된 방향을 지시하고 있다. 바로 상승이다. '하늘이 한계다Sky is the limit'라는 표현이 생각날 정도로 화살표가 치솟고 있다. 사람들이 원하는 지역(서울과 강남)에서 원하는 집(새 아파트)의 공급은 점점 부족해지고 엉뚱한 곳의 새집들만 늘어나고 있기 때문이다.

해석의 함정 그리고
의외의 지표

지표를 볼 때 유의할 점

이 책에서 내가 소개하는 몇몇 지표들은 일부 언론이나 전문가들이 같은 지표를 가지고 주장하는 바와 정 반대로 보일 수도 있다. 동일한 혹은 유사한 지표를 가지고 이런 상반되는 결과가 도출되는 가장 큰 이유는 시점의 차이다. 부동산 버블지수 역시 단기냐 장기냐에 따라 곡선의 기울기는 같지만 그 값이 양과 음으로 극명하게 나뉜다. 장기적으로 보면 평균으로 회귀해가는 과정이라 할지라도 그 회귀가 일어나는 순간부터 끊어서 보면 엄청난 폭등으로 보이기 때문이다.

통계는 거짓말을 하지 않지만 사람들은 통계를 가지고 거짓말을 한다는 말이 있다. 꼭 거짓말이라고 단정할 수는 없겠지만 자신의 목적에 따라 그래프의 기울기, 통계의 시점 등 다양한 방법으로 최대한 자기 의도에 맞는 모양새가 나오도록 통계를 조절한다. 그렇기 때문에 언론이나 전문가들이 언급하는 지표나 통계를 볼 때는 가능한 한

원자료를 찾아 기간 전체로 봐야 한다.

단적인 예로 2018년 하반기 한국의 일부 언론들은 일제히 미국 주택판매 부진이라는 기사를 실었다. "미국 주택판매 10개월 연속 감소", "미국 주택시장 냉각" 같은 한눈에 봐도 '부동산은 이제 끝났다'는 뉘앙스의 기사제목이 포털사이트를 장식했다. 나는 이런 경우 거의 본능적으로 전미부동산중개인협회 사이트에 들어가본다.

흔히 NAR이라고 불리는 전미부동산중개인협회National Association of Realtors는 부동산 관련 주요 지표 중 하나인 주택판매량을 집계해서 발표한다. 이 중 기존주택 판매량을 사전에 집계하는 잠정주택판매량Pending Home Sales은 신규주택이 아닌 기존주택 판매량만을 대상으로 하며, 주택시장의 향방을 가늠하는 주요 지표다. 신규주택 판매량은 미국의 경우 일단 기존주택 판매량의 1/10에 불과해 시장 상황을 대표한다고 보기 힘들고, 신규주택 판매량은 건설 기간을 고려할 때 현재 시점보다는 과거 시점을 반영한다. 즉 현재 부동산 상황이 아무리 좋아도 1~2년 전에 착공한 주택 수가 적다면 실제 팔린 신규주택 수는 적을 수밖에 없다.

건축자재 수급의 영향을 받는 것은 물론이다. 실제 미국의 부동산 경기가 호황이던 2005년, 태풍 카트리나가 미국 동남부를 강타하며 수많은 건물이 유실되었던 적이 있다. 이때 복구 수요에 따른 건축자재 품귀 현상이 빚어져 부동산 호황기임에도 동남부 일부 지역에는 주택 신축이 중단되기도 했다.

2018년 11월 말에 발표한 NAR의 통계에 따르면 2018년 10월 미국의 잠정주택판매량은 2.6% 하락하였다. 그리고 많은 한국의 언론

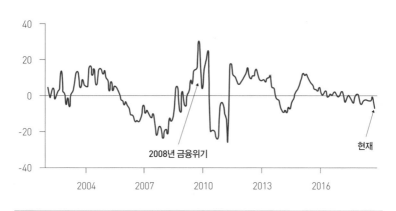

출처: NAR, Tradingeconomics.com

들이 이를 보도하였다. 그럼 이 잠정주택판매량의 원 데이터를 한번 찾아서 2008년 금융위기 이전의 잠정주택판매량 감소추세와 현재 시점에서 감소추세를 비교해 그래프로 나타내보자. 2018년 10월의 2.6% 하락이 미국 주택시장의 냉각으로 보이는가? 물론 이런 일순간의 하락세가 장기적인 하락추세로 이어질 수도 있다. 하지만 2012년 바닥을 찍은 미국 주택시장은 이후 2013~2014년 무렵에도 주택판매가 급속히 감소한 적이 있었다. 그래프상으로만 보면 현재의 등락은 통상적인 등락으로 밖에 보이지 않는다.

더구나 일부 기사들은 NAR의 보도자료 중 입맛에 맞는 일부만 발췌하여 보도하기도 하였다. NAR의 수석이코노미스트는 홈페이지에 공개한 보도자료에서 "잠정주택판매량이 감소한 원인은 주택담보대출 금리 상승으로 주택구매자들이 구매를 꺼렸기 때문이고, 금리가 당분간 떨어질 것 같지는 않다"는 견해를 밝혔다. 하지만 이 수석 이코노미스트는 이어서 "현재의 주택판매량은 주택담보대출 금리가 8%를 넘어서던 2000년 무렵과 비슷한 수준으로 당시와 비교하면 현재는 금리도, 실업률도 훨씬 낮은 상황이므로 장기적인 관점에서 주택시장은 매우 견고하다"고 주장했다. 하지만 이 말은 많은 한국의 언론기사에서 소개되지 않았다.

NAR의 자료가 '부동산 시장이 오를 거다, 내릴 거다'를 예측하는 절대적 판단기준이 될 수는 없다. 실제 NAR은 금리상승은 단기적인 악재이고 주택판매량 감소 추이를 볼 때 2019년 미국부동산 시장이 평균 2.5% 정도 하락할 것이라고 예측하기도 했다. 중요한 점은 이 역시 수 많은 참고자료나 지표 중 하나일 뿐이며, 적극적인 투자자라면 남이 자신의 의도에 맞게 손을 본 자료를 가지고 투자 의사결정을 하기보다는 스스로 원자료를 찾아 해석할 수 있어야 한다. 집 한 채 사고 파는 데 굳이 이런 것까지 알아야 하냐고 반문한다면, 이 역시 본인의 선택이다. 주식이든 부동산이든 감으로 투자를 해서 얼마든지 좋은 결과를 올리는 사람도 있을 수 있으니까 말이다. 하지만 나는 이런 사람들에겐 과감히 버블에 올라타라고 권하지 않는다.

재미 삼아 보지만 의외로 중요한 동행지표

다음 장으로 넘어가기 전에 부동산 관련 지표 중 재미 삼아 보는 지표 하나를 소개하려고 한다. 정기적금이다. 아마 많은 사람들이 부동산과 연관 지어 눈여겨보지는 않았던 지표라고 생각한다. 정기적

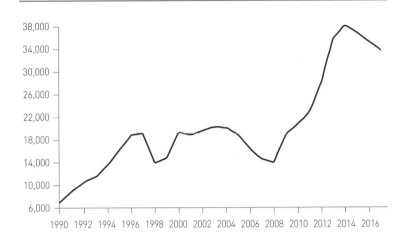

정기적금 잔액 추이

단위: 10억 원

※ 평잔 기준

출처: 한국은행 통계사이트

금은 부동산 시장과 정확하게 반대로 움직이는 동행지표이다. 한국 경제는 지난 수십 년간 유동성이 늘 증가했지 공급이 준 적은 없다. 따라서 시중은행에 들어오는 요구불 예금뿐 아니라 저축성 예금까지 늘 꾸준히 증가했고 줄어든 적은 한 번도 없었다. 특히나 요구불 예금은 최근 몇 년간 유동성 공급이 증가하며 저축성 예금보다 큰 폭으로 상승하고 있다.

하지만 정기적금은 그 동안 이들 예금 잔액과는 정반대의 모습을 보여주었다. 요구불 예금뿐 아니라 더 좋은 기회가 보인다면 약간의 금리를 손해 보더라도 언제든지 찾아서 다른 자산에 투자할 마음의 준비가 되어 있는 것이 저축성 예금주의 마음이다. 이에 비해 정기적

저축성 예금 잔액 추이

단위: 10억 원

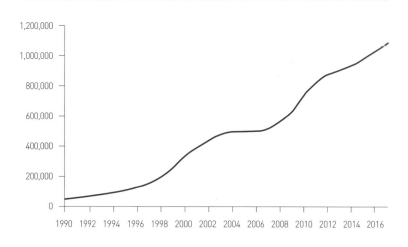

※ 평잔 기준

출처: 한국은행 통계사이트

금에 든다는 말은 중장기적으로 투자할 만한 대안이 보이지 않아 꼬박꼬박 현금을 은행에 맡겨둔다는 의지의 표현이기도 하다. 한마디로 정기적금 잔액은 부동산 시장이 호황일 때는 줄어들고 침체에 빠지면 늘어난다.

월별 기준으로 보면 2003년 9월 전고점을 찍은 정기적금 잔액은 이후 부동산 시장이 활황을 보이며 꾸준히 감소해 2008년 1월에 저점을 찍었다. 이후 부동산 시장이 침체에 빠지자 저금리에도 불구하고 꾸준히 증가하던 정기적금 잔액은 부동산 시장이 저점을 통과한 2013년 12월에 고점을 찍고 귀신같이 다시 감소하기 시작했다. 만약 정기적금 잔액 추이가 금리에 민감한 것이라면 요구불 예금은 몰라

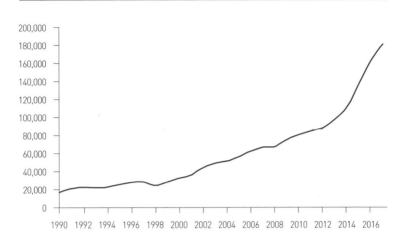

요구불 예금 잔액 추이

단위: 10억 원

※ 평잔 기준

출처: 한국은행 통계사이트

도 적어도 저축성 예금과는 같은 추이를 보여야 한다. 하지만 정기적금 잔액은 친형제격인 저축성 예금이 아닌 전혀 엉뚱한 부동산 시장의 등락과 함께(정반대로) 움직이며 완벽한 동행지표의 모습을 보인다. 2018년 말 월별 기준으로 정기적금 잔액은 역시 별 특이한 움직임은 보이지 않고 통상적인 선에서의 등락만을 나타내고 있다.

양극화 심화시킬
3기 신도시 공급

이쯤에서 드는 궁금증 하나.

수요나 공급이나 지표 상으로는 그렇다 쳐도 정부가 작정하고 규제를 한다면 하락장이 시작되지 않을까? 물론 그럴 수도 있다. 작정하고 덤비는 사람을 이길 방법은 없다. 규제든 부양이든 정부 정책은 대략적인 윤곽이 나왔고 예상을 별로 벗어나지 않고 있다. 아무리 상황이 예상대로 흘러간다지만 중간 점검이라는 것은 반드시 필요한 절차이고, 또 예상이라는 것이 큰 틀에서의 예상이기 때문에 세부 내용에 대한 점검 역시 꼭 필요하다.

정부의 강력한 수요억제정책은 예상대로 단기적인 효과를 발휘하고 있다. 하지만 수요라는 측면에서 아직 주택구매자들의 여력이 충분하기 때문에 우회로를 찾아낼 것이다. 또 일부 자금은 수익형 부동산이나 비규제 지역으로 우회해 결국 똘똘한 한 채로 자금이 돌아올 것이다. 그렇다면 이번 장에서는 공급측면에서의 정부정책을 한번 살펴보기로 하자.

앞서 소개한 부동산 버블지수를 보면 2017년 중반부터 서울과 강남 지역의 버블지수가 급속히 치솟기 시작했고 이는 결국 새 정부의 첫 부동산 대책으로 이어졌다. 이른바 8.2 대책이다. 8.2 대책은 여러모로 의미가 큰 정책이다. 부동산을 제1의 국시로 삼았던 참여정부 정신을 계승한 새 정부가 처음으로 시장과 마주하는 정책인 동시에 그 동안 청와대 정책실장과 국토교통부 장관에 가려 2인자로 비춰졌던 김수현 전 사회수석(현 청와대 정책실장)이 전면에 등장한 하나의 사건이었기 때문이다.

나는 《오르는 부동산의 법칙》에서 때마침 들어선 현 정부의 정책을 예측하며 김수현 수석이 때가 되면 존재감을 과시할 것이며, 새 정부가 시장과 마주하는 첫 번째 정책은 '시장의 기선을 제압하는 수준'으로 강하게 나올 것이라고 예상한 바 있다. 그리고 상반기에 쓴 책이 서점에 막 깔리기 시작한 시점에 8.2 대책이 나왔다. 그런데 김수현 당시 수석은 생각지도 못한 방법으로 자신의 존재감을 과시했다. 바로 국토교통부 장관이 여름 휴가를 간 사이 사회수석이 새 정부의 첫 번째 부동산 대책을 발표한 것이다. 휴가에서 부랴부랴 복귀한 장관은 기자들과 함께 의자에 앉아 단상에 선 김 수석이 발표하는 부동산 대책을 듣고 있어야 했다. 누가 보스인지를 만천하에 과시한 것이다.

그리고 8.2 대책은 역시 강력했다. 최근 부동산 상승장의 특징은 강남 재건축이 먼저 들썩인다는 것이다. 새 아파트에 대한 선호와 신축의 공급부족이 어우러져 나타나는 현상이다. 그러자 정부에서는 서울 핵심지역에서 새 아파트를 공급하는 유이한 방안인 재건축과 재개발의 거래를 막고자 조합원 입주권 전매금지를 들고 나왔다. 예외적인 사례를 제외하면 조합원들은 입주 시점까지 재산을 거래할 방법이 하루아침에 막혀버렸다. 조합원 입주권 전매금지와 아울러 분양권의 경우 양도세를 일률적으로 50% 부과하여 입주권과 분양권 가릴 것 없이 막 달아오르기 시작한 재건축 재개발 시장에 찬물을 끼얹었다.

8.2 대책의 주 타깃은 재건축·재개발과 함께 역시나 다주택자였다. 다주택자에 대한 참여정부의 징벌적 과세를 부활시켜 최고 60%가 넘는 양도세를 부과하고 장기보유 특별공제까지 배제하여 세 부담을 늘렸다. 즉 사는 집 한 채 빼고는 다 팔라는 장관의 경고가 빈말이 아니었던 것이다.

시장은 예상보다 빠르고 강력한 정책에 놀라 잠시 휘청거렸다. 하지만 이내 평정을 찾고 2보 전진을 위한 1보 후퇴라는 말이 어울릴 만큼 더 강하게 반등했다. 8.2 대책은 앙꼬 빠진 찐빵이었기 때문이다. 8.2 대책은 수요억제라는 측면에서는 강력했으나 공급 정책이 빠졌다.

구색을 맞추기 위해 공급확대라는 항목이 있긴 했다. 이 항목의 빈칸은 앞으로 공공택지를 더 확보하겠다 내지는 수도권에 신혼희망타운 등 공공임대주택을 더 공급하겠다는 말로 채워졌고, 시장은 콧방귀도 뀌지 않았다. 지정한 후에도 실제 공급이 되려면 수년이 걸리는 공공택지를 지정하지도 않고 "앞으로 확보하겠다"고 하는 건 공염불로 들렸다. 연간 17만 호를 공급하겠다는 공적 임대주택의 수는 이미 십만여 호씩 공급하기로 되어 있는 기존 계획에 슬쩍 숟가락을 얹은 것에 불과했기 때문이다.

공급정책이 빠졌다는 비판이 일었으나 정부는 꿈쩍도 하지 않았다. 주택보급률 등의 수치를 들먹이며 서울과 수도권 공급은 충분하고 오히려 향후 수년 내로 수도권의 입주물량이 급증하며 오히려 공급과잉이 될 것이라고 주장했다. 앞서 말했듯이 이는 틀린 주장이다. 사상 유례없이 바닥을 찍은 미분양주택 수에서 알 수 있듯 서울의 공급물량은 절대적으로 부족하며, 누적된 부족분은 2018~2019년 일부 지역의 공급량만으로는 다 해소할 수 없는 수준이다. 그리고 착공과 분양 물량에서 보여지듯 이 입주 소나기가 지나고 나면 다시금 공급 절벽이 기다리고 있다.

그런데 왜 정부는 이를 모르고 있을까? 정부는 절대 모르고 있지 않다. 그건 그 어려운 고시를 통과하고 평생을 주택정책 한 우물만 파고 있는 국토교통부의 엘리트 공무원들을 지나치게 무시하는 생각이다.

예외는 있을 수 있으나 대개 특정분야에 대한 데이터를 가장 많이 가지고 있는 곳은 해당 정부부처다. 그런데 세상 이치가 재미난 게, '안다고 해서 꼭 그대로 행한다는 것은 아닐 수 있다'는 것이다. 패기 넘치는 젊은이와 노회한 베테랑을 구분 짓는 특징 중 하나도 누군가가 알고도 행하지 않음을 이해하는 것일 수 있다.

이번 정부는 공급이 부족한 것을 잘 알고 있지만 정치적인 이유 때문에 절대 공급이 부족한 지역의 공급을 늘리지 않을 것이다. 이 논점은 전작에서 상세히 다루었으니 여기서는 결론만 말하고 넘어가도록 하겠다.

실제 8.2 대책과 9.13 대책 두 번의 대책에서 정부는 부동산 가격 급등의 진원지라고 할 수 있는 지역이나 이들 지역을 대체할 수 있는 지역의 공급을 늘리는 정책은 전혀 언급하지 않고 넘어갔다. 바로 강남의 공급확대다.

절대 공급은 부족하지 않다고 소리를 높이던 정부의 주장은 불과 1년 만에 수도권에 신규 택지 여러 곳을 한꺼번에 공급하겠다는 3기 신도시 개발 계획을 들고 나오며 슬그머니 뒤집어졌다. 8.2 대책을 비웃듯 더 강하게 반등한 시장을 잡기 위해 보다 강력한 9.13 대책을 들고 나왔고, 9.13 대책에는 요식행위로 자리만 채웠던 8.2 대책의 공급정책과는 전혀 다른 수준의 공급정책이 들어 있었다. 이는 공급 부족을 정부가 모르지 않았다는 반증인 동시에 이미 초장부터 강하게 질렀던 수요억제책만으로 이제 시장을 억누르기에는 한계에 다다랐다는 반증이기도 하다.

결국 정부는 8.2 대책이 앙꼬 빠진 찐빵이었음을 자인하고 9.13 대책의 후속조치로 '9.21 수도권 주택공급 확대방안'이라는 것을 들고 나왔다.

그런데 이 주택공급 확대방안에는 울며 겨자 먹기로 앙꼬를 집어 넣긴 했으나 스윗스팟은 의도적으로 피해 엉뚱한 곳에 넣고야 말았다. 아니 그것 말고는 별다른 방법이 없기 때문이다. 강남에 공급을 확대하기 위해서는 재건축을 풀어주는 수밖에 없는데 그럴 수는 없기에(다시 말하지만 정치적인 사안이라 최대한 그 이유에 대한 언급은 자제하도록 한다. 현 정부 지지자들에게 먹을 욕은 전작에서 이미 충분히 먹었다) 엉뚱한 지역이

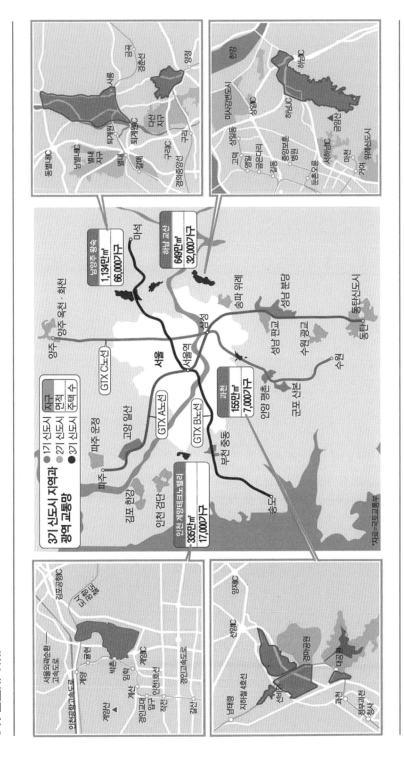

3기 신도시 위치

출처: 매일경제

3기 신도시 지역과 광역 교통망
● 1기 신도시
● 2기 신도시
● 3기 신도시
지구 / 면적 / 주택 수

남양주 왕숙
1,134만 ㎡
66,000가구

하남 교산
649만 ㎡
32,000가구

과천
155만 ㎡
7,000가구

인천 계양테크노밸리
335만 ㎡
17,000가구

라도 일단 공급을 늘려놓고 최대한 그 효과가 퍼지기를 비는 수밖에는 대안이 없는 것이다.

99페이지 그림에서 국토교통부가 발표한 3기 신도시와 수도권 공급정책을 한 눈에 볼 수 있다. 어떤가? 평당 1억 원을 찍는다는 강남과 서초, 한강변의 수요가 분산될 것으로 보이는가? 9.21 주택공급 확대방안의 내용을 잘 들여다 보면 총액 기준에서 최대한 수요와 공급을 맞추려고 노력한 흔적을 볼 수 있다. 여전히 향후 수도권과 서울의 공급물량은 충분하다며 밑밥을 깔고 가면서도 앞으로 남양주와 인천, 과천, 하남 등을 3기 신도시로 선정해 공급을 더 늘리고, 서울시의 상업지역과 준주거지역의 용적률을 상향하고, 역세권의 분양임대주택 공급을 늘려 도심 지역의 공급도 확대하겠다고 밝혔다. 이 공급물량은 노태우 정권 시절부터 김영삼 정부까지 1990년대 수도권 부동산 시장을 근 10년 가까이 얼려버렸던 200만 호 건설에는 미치지 못하나 일경 30만 호에 달한다.

얼핏 들으면 강력한 수요억제책에 더해 공급까지 늘려버리니 부동산 시장은 이제 끝물에 달한 것으로 보인다. 물론 일부 지역에서는 그럴 것이다. 부동산은 철저하게 지역적으로 세분화된 시장이기 때문이다. 하지만 다른 일부 지역에서는 그렇지 않을 수도 있다는 말도 된다. 그냥 딱 집어 강남구와 서초구의 신축아파트 시장은 별 타격이 없다는 말이다.

앞서 서울에는 사람들이 선호하는 신축 주택의 수가 부족하다고 수치로 제시한 바 있다. 그런데 강남권으로 국한시켜 보면 신축 주택의 수가 부족한 것을 넘어 주택 노후도가 매우 심각한 수준이다. 사람들이 선호하는 주택을 신축 주택이라고 한다면 30년 이상 된 아파트는 사람들이 살기를 기피하는 노후주택이라고 할 수 있을 것이다. 이러한 노후아파트 비중이 서울시 전체로도 19%를 넘어 절대 적지 않은데 강남3구만 두고 보면 무려 32%에 달한다. 강남권의 주택노후도가 이렇게 심각해진 이유는 뭘까. 부동산에 관심 있는 사람들이라면 다들 알고 있을 것이다.

바로 정권의 성격에 따라 재건축, 특히나 부동산 시장의 바로미터 역할이자 불쏘시개 역할을 하는 강남지역의 재건축이 수시로 막혔기 때문이다.

시장 원리에 따랐다면 이미 어느 정도는 해소가 되었을 강남권의 주택노후도는 이제 그 심각성이 한계치에 달하고 있다. 일부 구축의 경우 주민들과 경비원 사이의 갈등까지 유발하는 주차문제와 함께 PVC 파이프 도입 이전에 지어진 아파트의 심각한 녹물 문제다. 층간소음의 경우 이런 구축은 벽식 구조가 아니라 라멘구조나 기둥식으로 지어져 오히려 유리한 측면이 있긴 하다. 그런데 아이러니하게도 이런 구축은 아이를 가진 젊은 세대는 기피하고 해당 주택에 계속 거주하는 노년층 비중이 높아 층간소음에 강하다는 게 그리 큰 장점이 되기 힘들다.

10년 전만 해도 지은 지 20년 남짓해 불편하기는 해도 그럭저럭 살 만했던 구축들이 30년을 넘어서면서 소유주든 세입자든 점점 탈출하다시피 빠져 나오려 하고 있다. 이는 필연적으로 인근 지역의 새 아파트 가격을 들쑤셔 놓는다.

9.21 공급대책에서 말하는 30만 세대 중 이들의 수요를 감당할 물

량은 얼마나 될까? 과천과 하남, 성남 등은 거리상으로는 서울과 가까워 보이지만 도시계획 상으로 강남의 수요를 흡수할 수는 없다. 1990년대 분당이 강남의 수요를 분산시켰던 이유는 적어도 분당 안에서는 지역별 계층을 나누어 중대형 평형이 위주인 지역과 중소형이나 영구임대 등이 들어서는 지역을 구분했기 때문이다. 실제 1990년대 1기 신도시 개발 당시 강남 사람들은 이런 분당의 중대형 단지로는 앞다퉈 이주했다. 하지만 같은 경부축이고 주변 환경도 좋지만 중대형 동네의 구분이 희박하고 중소형 단지와 섞여 있는 평촌이나 산본으로는 이주를 꺼렸다. 이는 이 두 신도시의 부동산 가격에 그대로 반영돼었다.

지정타(지식정보타운)라는 말로 추진되는 과천 역시 마찬가지다. 현재 계획 중인 평형과 입주민 구성으로는 강남 서초의 한강변을 버리고 과천을 대안으로 삼을 사람이 그리 많지 않을 것이다. 신도시에 소셜 믹스를 도입하면서부터 강남수요를 분산시키는 데 한계가 있어왔다. 판교에서 이미 확인이 되었고 3기 신도시는 더 할 것이다. 그리고 무엇보다 그나마 강남 수요를 분산할 수 있는 과천의 공급은 고작 7,000세대로 남양주 왕숙지구의 1/10에 불과하다.

결국 주택시장의 양극화를 심화시킬 9.21 공급대책

결론을 말하자면, 현 정부의 공급정책으로 강남 일대의 집값을 잡을 수는 없다. 30만 세대를 공급한다면서, 정작 수요가 몰리는데 주택노후화 비율은 서울에서 가장 심각한 수준인 강남권에 대한 획기적인 공급방안이 없는 정책은 이들 지역 신축 아파트에 대한 품귀 현상마저 가져와 더욱 더 가격을 밀어 올릴 것이다. 또 이를 잡는다면서 공무원들을 동원해 애꿎은 부동산 중개업소들만 조사하고 다닐 것이다.

나는 참여정부 시절 부동산 투자로 세무조사를 받은 적이 있다. 물론 자금 출처나 세금 납부에서나 아무런 불법이나 편법 없이 깨끗하게 투자를 했고, 실제 조사 결과도 그렇게 나왔기 때문에 떳떳하게 밝히는 것이다. 단지 정부에서 나이 기준치를 정해 몇 살 아래 다주택자는 전수 세무조사를 했다는 것이다. 당시 세무조사를 나온 팀은 관할세무서인 삼성세무서도, 인근의 역삼세무서도 아니었다. 엉뚱하게 천안에 있는 세무공무원들이 서울까지 출장 와 세무조사를 했다. 서울에서 전방위적인 세무조사를 하다 보니 일손이 딸려 지방에 있는 세무공무원들까지 대거 상경해 모텔에서 자며 인력 지원에 나선 것이다. 전국의 세무업무가 한동안 마비되었으리라는 것은 명약관화한 일이었다.

내가 전작에서 이번 정부의 부동산 정책을 예상하며 수요가 몰리는 지역의 공급은 늘리지 못하고 여기저기 들썩이는 수요만 쫓아다니며 대책을 남발하다 시간을 보낼 공산이 크다고 한 것은 괜한 심통이 아니라 경험에서 나온 말이었다.

하지만 강남을 제외한 서울 외곽 지역은 수요억제책에 더해진 이 공급확대책의 직격탄을 맞을 수밖에 없다. 3기 신도시로 발표된 지역 중 인천 계양은 강서, 남양주는 강북, 하남은 강동, 성남은 분당과 동남권, 과천은 강남 일부와 서남권의 수요를 분산시킬 것이다. 하지만 이들 신도시 어디도 지금 가격이 들썩이는 강남과 서초 핵심지역의 신축 아파트 가격에 제동을 걸지는 못한다.

1990년대 1기 신도시, 특히 분당 개발이 강남의 수요를 분산시켜 준 것은 정부 정책 따라 경부축으로 남하하면 돈을 번다는 공식이 살아 있던 시절이기도 했지만 강남 수요를 받아줄 만큼 사람들이 원하는 형태의 주거지를 공급했기 때문이다. 당시로서는 지하주차장이 있는 중대형 단지가 서울에서는 드물었고 많은 강남 사람들이 분당으로 향했다.

소셜 믹스가 강조된 2기 신도시부터는 신도시에서 이런 특징이 사라졌다. 이는 물론 해당 단지에 입주하는 몇몇 서민층들에는 다행스런 일이지만 고소득층의 수요를 제한하는 효과를 가져왔다. 물론 이게 잘못된 정책이란 말은 아니다. 소셜 믹스에 대한 생각은 사람마다 다를 수 있고 분명 그 정책에서 혜택을 보는 사람들도 있다. 하지만 적어도 강남의 신축아파트에 대한 수요를 분산시켜 가격을 잡겠다는 목적과는 전혀 맞지 않는다는 것뿐이다.

"연봉이 내 명함이고 차가 내 존함이고 집이 내 성함이고…" DJ DOC의 〈나 이런 사람이야〉란 노래가사 중 일부다. 누구나 다 일상생활에서 뼈저리게 느끼며 살고 있는 이런 현상을 굳이 먹물 묻은 용어를 써서 설명하자면 고가주택은 '지위재'의 성격을 갖는다. 지위재는 가성비라는 말로는 설명할 수 없다. 지하철에서 가까운지, 방음은 잘되고 애들 학교는 가까운지 하는 일반적으로 생각하는 주택의 성능이 아니라, 여기에 산다는 것이 내 신분 특히 내 경제력을 얼마나 잘 나타내주는가 하는 것이 가치 척도가 된다는 것이다. 말만 들어도 속물스러움에 치가 떨리지만 우리가 소비하는 모든 제품에는 지위재의 속성이 담겨 있다.

흔히 '베블런 효과', '베블런재'라는 단어가 나오는 이 지위재에 대한 고전이 바로 19세기 후반에 나온 소스타인 베블런의 《유한계급론 Theory of Leisure Class》이다. 지위재는 동서고금을 가리지 않고 존재해 왔다. 특히 2차 산업혁명이 본격화되면서 자신의 부를 하루빨리 과시하고 싶은 신흥 부자들이 대거 등장한 19세기 후반 서구 사회에서 이 지위재가 대중적으로 확산되기 시작하였다. 도금시대의 자본가들은 주변인들에게 내가 어제의 그 개똥이가 아니란 것을 하루 빨리 알리고 싶었다.

이 지위재의 속성이 강한 제품의 특성은 '남의 눈에 잘 띄느냐'는 것이다. 일찍이 항우도 비단옷을 입고 밤길을 가는 것을 쓸데없는 일이라고 치부하지 않았던가. 남들이 알아주지도 않는데 돈을 쓰는 것은 만수르 같이 정말 엄청나게 돈이 많은 극소수 갑부나 오타쿠들뿐이다. 남들이 나의 경제력을 알아주는 것에 돈을 쓰고 싶은 것이 사람이다.

그렇기 때문에 남들 눈에 잘 띄는 가방은 2,000만 원을 호가해도 줄을 서서 사야 하고, 남자 세계의 명품백이라 할 만한 고가 시계에 빠지면 차 한두 대 값은 우습게 쓰게 된다. 다 남들 눈에 잘 띄는 제품이기 때문이다. 여기서 10만 원짜리 시계와 2,000만 원짜리 시계의 성능을 비교하는 것은 부질없는 일이 된다. 남들 다 불경기라는 현재도 롤렉스의 일부 신형제품들은 매장에 돈을 싸 들고 가도 살 수 없다. 손목 위에 얹은 금딱지 섞인 시계가 내 신분을 나타낸다고 믿기 때문이다. 이해가 가든 그냥 웃고 넘기든 이는 엄연히 존재하는 시장이고 현재 벌어지고 있는 현상이다.

그런데 소득이 증가하면서 이런 시계나 가방, 차 같은 것들은 웬만한 직장인들도 조금 무리하면 살 수 있게 되어 지위재로서 역할에 한계가 왔다.

그 결과 대부분의 사람들에게 가장 큰 재산이라고 할 수 있는 주택이 지위재로의 속성을 강화하게 되었다. 롤렉스나 BMW는 중견기업 대리 과장도 눈 한번 질끈 감으면 살 수 있지만, 아크로리버파크는 그럴 수 없다는 것을 세상이 다 알게 된 것이다.

이 현상은 어제 오늘의 일이 아니다. 1970~1980년대에도 사는 동네, 사는 아파트, 평수가 지위재 속성을 가졌고 이는 수천 년 전에도 마찬가지였다.

집은 동서고금을 막론하고 다른 모든 제품들과 마찬가지로 지위재의 속성을 가지고 있으면서 최근에는 소득 증가에 따라 다른 지위재에 비해 상대적으로 그 속성이 더욱 강화되고 있다. 따라서 아무리 서울 외곽에 신축 아파트를 공급하더라도 현재 지위재의 속성을 갖는 특정 지역에 대한 수요는 전혀 분산되지 않을 것이다. 더구나 그 공급이 소셜 믹스의 성격을 갖는다면 말이다.

이렇듯 외곽 지역의 신규공급은 아무리 공급량이 많아도 지위재의 속성을 갖고 있는 특정 지역의 부동산의 가격을 끌어내리는 데 한계가 있다. 오히려 먼저 급등한 강남 집값과의 갭 메우기에 나서며 따라 오른 외곽 지역 부동산 가격에 큰 부담으로 작용할 공산이 크다. 시장에서는 3기 신도시 예정지의 신축아파트들은 강남권이 아닌 이들 지역의 대체재로 받아들일 것이기 때문이다.

결국 이미 서울시 평균의 1.5배 이상 노후화된 강남에서 신규 공급까지 막혀버린 신축아파트들은 품귀 현상을 빚으며 가격이 더욱 급등할 것이고, 외곽 지역은 3기 신도시의 물량공세로 인해 가격 하방 압력을 받는 양극화 현상이 더욱 가속화될 것이다. 수요와 공급이라는 부동산의 내재요인으로는 적어도 서울 핵심부동산의 하락을 점칠 수 없게 되었다. 다만 외곽지역은 주의를 요한다.

위기와 둔화
그 사이에 있는 기회

정말 2008년 같은
금융위기가 올까?

　부동산 시장의 내재요인으로 곧 급락할 것이 아니라면 외부요인
은 어떨까? 금융위기는 올 것인가? 물론 경기는 순환을 하고 순환주
기에 따라 수축과 확장 국면을 반복한다. 하지만 모든 확장 국면이
과열로 치닫는 것은 아니듯 모든 수축 국면도 꼭 위기로 이어지지는
않는다. 앞서 살펴본 경기순환 주기 그래프에서도 나오듯 경기 수축
국면과 확장 국면은 짧게는 4~5년 안에도 이루어지지만 10년 이상
걸리는 경우도 있다.

　이를 두고 수많은 경제학자들은 뭔가 그럴듯한 패턴, 그러니까 물
리학자들이 혜성 주기를 예측하듯이 수학적으로 증명 가능한 주기
를 찾아보려고 무던히도 애를 써왔다. 현재는 각자의 주기를 주장하
는 서너 가지의 파동설로 압축되고 있긴 하나 어느 하나도 대세나 정
설로 자리잡지 못하고 있다. 이유는 단순하다. 안 맞기 때문이다. 어
느 하나의 경기순환에 맞추어 썰을 풀어 놓으면 그 다음 순환에는 안

맞는다. 그리고 이 맞지 않는 주기를 이론으로 설명하기 위해 각각의 경기순환기마다 잡다한 부가설명이 필요하다 보니 과학적인 방법론이라고 부르기에는 너무 구차해져 버린다.

위기의 종류: 경제위기와 금융위기

사실 우리 같은 사람들이 굳이 외환위기, 금융위기, 신용위기 등등을 나눠 구분할 필요는 없다. 그냥 경제가 어려워진다고 이해하면 충분하다. 하지만 앞으로 다가올지 모르는 위기를 어느 정도라도 예측해보려면 이를 간단하게라도 구분해서 각각의 발생 이유를 알아보는 작업이 필요하다.

모든 경기수축이 위기로 전이되지는 않듯 모든 금융위기가 실물경제 위기로 번지는 것은 아니다. 실제 이러한 실물경제 위기가 선진국에서는 매우 제한적으로 일어난다. 20세기 초반의 미국 대공황이 대표적인 실물경제 위기라고 할 수 있고, 지금 베네수엘라 같은 국가들이 겪고 있는 상황도 대단히 위협적인 경제 위기다.

현재 성인이 된 사람들이 기억하는 최근의 위기는 크게 '외환위기'와 '신용위기'로 나눠볼 수 있다. 속칭 IMF사태라 불리는 1990년대 후반 경제위기의 본질은 외환위기였다. 고정환율제든 변동환율제든 글로벌 경제에 연동되어 있고 외국자본의 유출이 자유롭다면 기본적으로 모든 국가경제는 외환위기의 위험에 노출되어 있다.

통화의 가치, 즉 환율이라는 것은 모든 다른 자산과 마찬가지로 경제상황에 따라 널을 뛰게 되어 있다. 그런데 외국자본의 유출이 자유롭고 또 그 외국자본의 규모가 충분히 크다면 일군의 투기자본들이 이 널뛰는 환율의 진폭을 심화시켜 수익을 극대화하려고 한다. 이게 가능한 이유는 통화라는 것이 투기자본에게는 늘상 가격이 등락하는 자산의 한 종류일 뿐이지만 해당국 정부 입장에서 보면, 특히 우리나라나 신흥국들처럼 수출에 많이 의존하는 나라 입장에선 통화가치가 흔들릴 경우 수출기업들에게 직접적인 피해가 간다.

또한 자본 유입도 안정적인 장기자금보다는 핫머니 위주로 유입되어 안정적인 국가경제 운영에 득보다 실이 크다. 따라서 순간적인 시장 논리에 따라 통화 가치가 널뛰기를 하더라도 해당국 정부는 이의 갭을 최대한 줄이기 위해 통화가치를 방어할 수밖에 없고, 결국 투기세력은 여기서 발생하는 시장가격과의 차이를 노려 공격하는 것이다.

이는 꼭 신흥국에 국한된 상황은 아니다. 조지 소로스가 대중적인 명성을 얻게 된 것도 신흥국이 아닌 영국의 통화를 공격해 큰 돈을 벌었기 때문이다. 소로스는 통화가치를 방어하기 위해 얼마 안 남은 외환보유고를 소진한 영국 중앙은행을 시쳇말로 '거덜 내버리며' 큰 수익을 얻었다. 이렇듯 외환위기는 많은 경우 자국의 통화가치를 최대한 안정적으로 유지하려고 시장에 개입하는 정부를 투기세력이 공격하면서 발생한다. 물론 상대방이 만만해 보여야 공격을 하는 것이고, 그 만만함의 기준은 외환보유고다.

1990년대에는 외환위기를 겪었던 동남아 국가들은 물론이고 대한민국도 아주 만만한 국가였다. 현재는 어떤가? 신흥국의 외환상황이 위험한 것은 사실이다. 하지만 화폐전쟁이라는 말이 유행하는 것과는 반대로 한국이나 동남아 국가들이 단시일 내에 투기세력의 공격

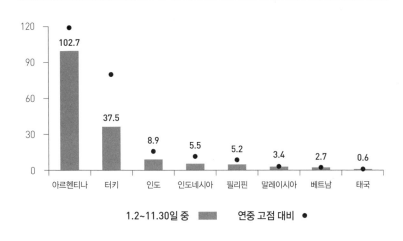

주요 신흥국의 환율 변동   2018년, 단위: %

- 아르헨티나: 102.7
- 터키: 37.5
- 인도: 8.9
- 인도네시아: 5.5
- 필리핀: 5.2
- 말레이시아: 3.4
- 베트남: 2.7
- 태국: 0.6

1.2~11.30일 중 ▮   연중 고점 대비 ●

출처: 블룸버그, 한국은행 가공

을 받아 통화가치가 급락하는 외환위기를 겪을 가능성은 매우 낮다. 아르헨티나나 터키 같은, 우리와 큰 관련이 없는 몇몇 나라들을 제외하면 아시아 신흥국들의 외환상황은 매우 안정적이다. 모두 1990년 대 후반 외환위기의 직격탄을 맞았던 나라들로 이전의 교훈을 발판 삼아 외환보유고 확충에 사활을 걸었기 때문이다.

1990년대 후반에 비해 20배 가까이 늘어난 한국의 외환보유고는 이전 외환위기 때와는 비교할 수 없는 수준이다. 물론 이 외환보유고 는 실제 위기상황이 오면 오히려 쓸 수 없는 그림의 떡이라는 주장도 있다. 실제 환율을 방어하느라 써버리면 밑천이 금방 드러나 투기세 력이 더 덤빈다는 논리다. 하지만 이 외환보유고라는 것은 어찌 보면

외화표시부채 비중

총부채 대비, 단위: %

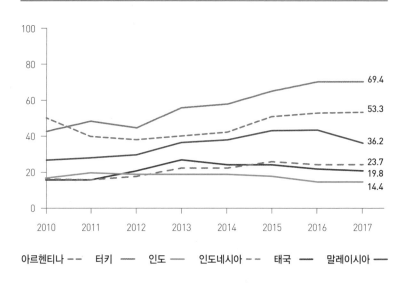

아르헨티나 − − 터키 ── 인도 ── 인도네시아 − − 태국 ── 말레이시아 ──

출처: IMF, 한국은행 가공

핵무기와 같은 속성이 있다. 실제 쓰지는 않지만 그 자체로 억지력이 있는 것이다. 환투기 세력도 외환보유고가 충분한 나라에는 덤비지 않는다. 그러니 지금 한국이나 중국의 외환보유고를 보고 섣불리 이들 국가의 통화를 공격할 간 큰 환투기 세력은 아마 없을 것이다.

그리고 이들 아시아 신흥국들의 외화표시 부채 비중을 보면 역시 아르헨티나나 터키 등에 비해 매우 안정적이다. 달러 가치의 등락이나 미국의 금리 인상 등에 상대적으로 영향을 덜 받는다는 것이다. 서두에 말한 대로 이 책의 시야는 매우 단기적이다. 짧게는 1~2년, 길어야 3~4년 안에는 얼마든지 상황이 바뀔 수도 있다. 여러 가지

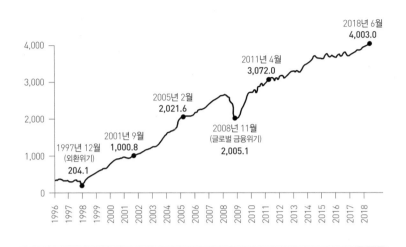

우리나라 외환보유액 추이

단위: 억 달러

2018년 6월
4,003.0

2011년 4월
3,072.0

2005년 2월
2,021.6

2001년 9월
1,000.8

2008년 11월
(글로벌 금융위기)
2,005.1

1997년 12월
(외환위기)
204.1

출처: 한국은행, 기획재정부

측면에서 나는 미국 대선이 있는 2020년을 전후한 시점이 변곡점이 될 수 있다고 생각한다.

또 다른 뇌관, 신용위기

외환위기의 가능성이 낮다면 우리가 살펴볼 또 다른 위기의 종류는 신용위기다. 2008년 닥친 금융위기의 본질이 바로 서브프라임 모기지 사태, 집을 사기 위해 돈을 빌린 신용등급 낮은 사람들이 부채를 못 갚으면서 시작된 신용위기였다. 이 정도 급은 아니었으나 우리나라도 이러한 위기를 경험한 적이 있다. 외환위기를 극복한지 얼마 지나지 않은 2000년대 초반, 신용카드 대란이 우리나라를 강타했다.

신용카드 대란이나 서브프라임 모기지 사태나 위기의 본질은 동일했다. 갚을 능력이 없는 사람들에게 돈을 빌려준 것이다. 신용카드 사태의 발단은 외환위기 이후 지하경제를 양성화하고 세수를 확보하고자 국가차원에서 신용카드 사용을 장려하면서 시작되었다. 한 푼이 아쉬운 직장인들에게 소득공제 혜택을 주며 현금 대신 신용카드 사용을 부추겼고, 이런 좋은 기회를 놓칠새라 카드사들은 전방위적으로 영업하며 카드 발급량을 늘렸다. 신용카드사가 고용한 카드상담사들은 길거리에서 대학생이나 주부들을 대상으로 카드를 발급해주며 수당을 받아갔다. 2008년 금융위기 직전 미국의 은행들이 대출모집인들에게 대대적으로 인센티브를 줘가며 신용등급이 낮은 Alt-A나 서브프라임 등급 사람들에게도 무차별로 주택담보대출을 제공한 것과 판박이였고 결과도 동일했다.

앞서 나는 적어도 단기간에 외환위기가 발생할 가능성은 낮다고 보았다. 나뿐 아니라 많은 경제전문가들도 동일하게 생각할 것이다. 그렇다면 신용위기는 어떨까. 이번 부동산 상승장의 끝에도 이러한 신용위기가 도사리고 있을까? 답은 역시 '적어도 단기적으로는 아니다'다. 앞선 장에서 우리나라의 가계대출이나 주택담보대출 연체율이 사상 유례없이 낮은 수준이라는 것을 보여주었다.

채무자들이 더할 나위 없이 돈을 잘 갚고 있는 상황에서 추가대출까지 막고 있는데 신용위기가 발생할 수 있을까? 만약 그렇게 된다면 세계 8대 불가사의에 추가해도 손색이 없을 것이다. 국내은행의 부실채권 추이는 꾸준히 낮아지고 있다. 물론 저금리에 힘입은 바도 크지만 수년 째 오른다는 금리는 역사적으로 볼 때 여전히 저금리 국

국내은행 부실채권 추이

단위: 원, %

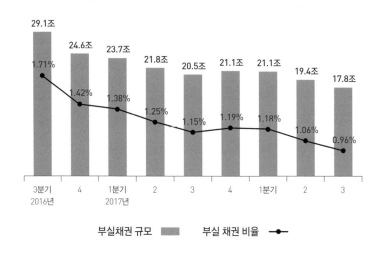

부실채권 규모 ■   부실 채권 비율 ●—

출처: 금융감독원

면에 있고, 심지어 미국의 금리인상은 이제 막바지에 다다르고 있다.

만약 다음 금융위기가 온다면 외환위기보다는 신용위기 형태가 될 가능성이 다분히 있다. 그리고 그 진앙지는 중국이 될 것이다. 왜 그럴까? 현재 수치상으로 보여지는 중국의 부채 문제는 동전의 양면 같은 모습을 보여준다. 얼핏 봐서는 생각보다 그리 심해 보이지 않을 수도 있다. 가계부채가 꾸준히 늘고는 있으나 그 증가율은 우리나라보다 낮은 상황이고 정부부채도 매우 안정적이다. 이 두 측면만 놓고 보면 미국보다 오히려 안정적으로 보이는 것이 중국의 부채다. 금융기관이 아닌 일반기업들이 빌린 부채가 큰 폭으로 증가하고는 있

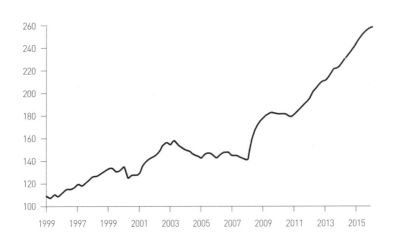

중국 비금융기업 부채 추이

단위: %

260
240
220
200
180
160
140
120
100

1999　1997　1999　2001　2003　2005　2007　2009　2011　2013　2015

※ GDP 대비

출처: 매크로비즈니스

는데 이는 워낙 중국 경제가 빠르게 성장했고 저금리까지 겹쳐 자연스레 벌어진 상황이라고 해석할 수도 있다. 하지만 여기에 바로 중국 위기의 뇌관이 숨겨져 있다. 규제가 덜한 일반기업, 특히 국영기업의 알 수 없는 부채들이다. 핵심은 규모가 아니다. 알 수 없다는 말에 방점이 찍혀 있다.

벤 버냉키 전 연준의장은 2012년 조지워싱턴대의 경영학부 학생들을 대상으로 한 특강에서 "미국의 서브프라임 모기지를 한 데 모아서 전부 대손상각 처리해 버린다고 해도 그 손실은 시황이 나쁜 날 주식시장이 하루 빠진 정도의 손해밖에 안 될 것"이라고 밝혔다

그렇다. 서브프라임 모기지 사건의 본질은 '사람들이 빚을 안 갚았

다'가 아니었다. 미국 경제의 규모를 생각해 볼 때 그 정도는 '못 갚겠다고? 그럼 말고' 하며 쿨하게 넘어가도(물론 말도 안 되는 가정이지만) 경제 전체에 끼치는 영향은 크지 않을 것이다. 버냉키 말 대로 그냥 '주가가 좀 많이 빠졌던 흐린 어느 날, 無로 돌아간 시가총액 정도에 불과'한 게 서브프라임 모기지였다. 그런데 왜 전 세계가 무려 지난 10년 간 그 난리블루스를 춘 것이었을까?

시장이 죽도록 싫어하는 것은 손실의 규모가 아니라 '불확실성'이기 때문이다. 나는 2008년 금융위기의 본질인 서브프라임 사태의 주역은 빌 클린턴과 앨런 그린스펀 두 명이라고 본다. 그린스펀이야 그렇다 쳐도 엉뚱하게 클린턴이 등장하는 이유는 바로 '글래스-스티걸 법Glass-Steagall Act'의 폐지에 있다.

많은 사람들에게는 관심 밖의 얘기겠지만 내가 미국에서 MBA과정에 다니던 1999년, 미국의 경제계와 언론은 이 법의 폐지를 놓고 한바탕 들끓었다. 이 법이 바로 투자은행과 상업은행을 철저히 분리하여 투자가 아닌 '예금'을 하는 일반 시민들의 자금과 투기적 속성을 내포하는 투자자들의 자금이 섞이지 않도록 하는 법이었다. 그리고 이 법의 탄생 배경에는 20세기 초반 미국을 강타한 대공황이 있었다. 대공황 당시에는 이런 투자은행과 상업은행의 분리가 이루어지지 않았고, 상업은행들의 방만한 투자에 대한 규제가 없었다. 이에 대한 뼈저린 반성에서 나온 법안이 바로 1933년 제정된 글래스-스티걸 법이었다.

그런데 이 법을 클린턴 행정부에서 폐지해버렸다. 이를 주도한 당시 재무부 장관이 골드만삭스 회장 출신인 로버트 루빈이다. 지난 수십 년간 안전한 투자만을 하도록 규제 받던 상업은행들이 고수익을 쫓아 얼마든지 위험한 파생상품 거래를 할 수 있도록 제도적 준비가 마련된 것이다. 여기에 2000년대 초반 닷컴 버블의 붕괴로 촉발된 경기불황을 막기 위해 그린스펀은 아주 공격적으로 금리를 낮췄다. 그러자 또 다른 자산 버블인 부동산 버블이 야기되었고, 금융기관들은 이 버블에서 보다 큰 수익을 얻기 위해 이를 기초로 한 다양한 파생상품을 만들었다. 이런 분야에 경험은 없으나 돈은 많고 족쇄는 풀린 상업은행들은 어느 기준으로 보아도 이 판에서 호구를 담당할 운명이었다.

CDO니 CDS니 하는 말을 웬만한 사람들이면 익숙하게 들어봤을 것이다. 뭔가 그럴 듯해 보이는 이 파생상품의 핵심은 수많은 사람들이 빌린 주택담보대출을 한 군데로 모으고 신용도에 따라 다시 등급별로 나눈 후 이를 각각의 위험도에 따라 프리미엄을 붙여 또 다른 금융기관들에게 판매하는 것이다. 이렇게 하면 개별 주택담보대출에 내재된 리스크가 분산되고, 개별 차주들의 신용도나 개인 사정이 아닌 시장 전체와 함께 움직이는 체계적 리스크만 남게 된다고 주장했다. 그런데 결과적으로 볼 때 이는 전혀 사실이 아니었다. 투자자들이 차주로부터 멀어질수록 리스크(불확실성)는 커져갔고, 문제가 불거지자 모든 투자자들이 이 불확실성을 피해 앞다퉈 도망치느라 혼란이 가중된 것이다.

문제는 또 있었다. 악화가 양화를 구축한다는 말이 있지 않은가. 중고차 시장에도 이런 속설이 있다. 좋은 중고차는 원주인이나 딜러가 주변 사람들에게 다 팔고 속 썩이는 중고차만 시장에 나온다고 말이다. 사람 사는 이치는 다 매한가지다. 그것이 어딘가 모르게 기름 냄새 나는 중고차 비즈니스든 월스트리트에서 브리오니 수트를 쭉 빼입은 금융인이든 사업의 본질은 크게 다르지 않다는 말이다.

당신이 일반인들에게 주택담보대출을 판매해 이 대출을 보유한 은행이라고 쳐보자. 누군가가 와서 중간도매상처럼 당신이 보유한 주택담보대출을 자기에게 넘기라고 한다. 자신은 여러 군데에서 모은 주택담보대출을 등급별로 나누고 다른 투자자들에게 다시금 쪼개 재판매를 하겠다는 것이다. 그 말을 들은 당신은 유동성 확보와 리스크 분산 차원에서 제안을 받아들여 보유한 대출 일부를 넘기기로 결정했다.

이 상황에서 당신은 어떤 대출을 이들에게 넘길까? 꼬박꼬박 대출을 상환하는 건실하지만 소심한 우리 같은 일반 직장인 가장의 대출을 넘길까, 아니면 화통하고 성격 좋지만 돈의 부침이 심한 이웃집 물장사 홀아비의 대출을 넘길까? 주택담보대출이 모이면 모일수록 이들의 주장처럼 리스크가 분산되고 체계적인 리스크만 남는 것이 아니라 오히려 리스크가 점점 커졌다. 바로 불확실성이라는 리스크 말이다.

동네와 밀착된 지점에서 대출을 보유할 경우 이들은 비록 관료화된 은행의 업무관행을 벗어나진 못하지만 적어도 차주 하나하나에 대한 구체적인 정보를 가지고 있고, 이들이 상환을 못할 때 상황을 파악하고 필요하면 도움을 주거나 (반대로) 빚 독촉을 할 수 있는 인력과 체계를 보유하고 있었다. 그런데 이것이 이름도 모르고 성도 모르는 다른 도시의 금융기관들, 심지어 해외의 금융기관들에게 넘어가게 되자 이 투자자들이 떠안은 불확실성이라는 리스크가 점점 커져 간 것이다.

여기에 더해 이 모기지풀 자체도 엄청나게 늘어났다. 내가 미국에서 부동산석사 학위를 마칠 무렵 주로 면접을 본 곳이 바로 이런 모기지풀을 보유한 금융기관들이었다. 그리고 직종은 신용분석가Credit Analyst 자리가 가장 많았다. 당시 꽤 적극적으로 제안했던 한 은행의 책임자는 자기가 왜 이렇게 신용분석기능을 보강해야 하는지 솔직하게 털어놓았다. 무섭다는 것이었다. 그게 2005년 말~2006년 초의 일이다. 자기가 이 일을 시작한 이래 이렇게 모기지풀이 빠르게 엄청난 규모로 늘어나는 것은 본적이 없다고 했다. 그러면서 자기도 저 풀 안에 뭐가 들어있는지 확신을 할 수가 없다고, 그래서 신용분석가를 급하게 충원하는 것이라고 했다.

내가 굳이 이런 기회를 마다한 것도 아마 비슷한 감을 느꼈기 때문이었을 것이다. 그 오퍼를 받아들였다면 아마도 1~2년 안에 회사가 망했거나 시장이 팍 죽으면서 영주권 없이 비자 스폰서만 받는 나부터 1순위로 구조조정 당했을 것이다.

시장을 지배한 건 공포였다. 위험이 닥치자 다들 판도라의 상자처럼 뚜껑을 열면 저 안에서 뭐가 튀어나올 것인지 두려워했다. 이 두려움을 느낀 건 직업이든 투자든 늘 안전성만을 고집하느라 욕심에 비해 별로 크게 되지도 못했던 나 같은 소심남뿐 아니라 월스트리트를 누비며 세상을 지배하는 것처럼 보이던 투자은행가들도 마찬가지였다. 늑대라고 불리던 이들은(영화 〈The Wolf of Wall Street〉를 생각해보라) 시장에 공포가 퍼지자 한 순간에 겁먹은 새끼 양이 되어 건초더미에 머리를 처박은 채 엉덩이를 하늘 높이 쳐들고는 부들부들 떨기 시작했다.

위기의 발단은 적어도 자기가 가지고 있는 것이 뭔지는 알고 있던 은행에서 시작되었다. HSBC 은행과 미국에서 두 번째로 큰 서브프라임 모기지 전문 은행인 뉴센추리 파이낸셜이 먼저 자신들이 입은 엄청난 손실을 인식한 것이다. HSBC는 처음에 손실이 108억 달러라고 발표했으나 곧 그 수치는 끝없이 올라갔고, 뉴센추리 파이낸셜은 엄청나게 손해를 본 건 맞는데 정확히 얼마를 손해 본 건지도 모르겠다고 했다. 곧 이 회사는 파산해버린다. 투자자에게 돌려줄 현금이 남아 있지 않았기 때문이다. 내가 뉴센추리 파이낸셜과 같은 모기지 은행에 들어갈까 말까 망설인지 딱 1년 후인 2007년 초의 일이었다.

자신이 손해 본 돈이 얼마인지 계산이 안 되기는 다른 금융기관들도 마찬가지였다. 그 안에 뭐가 있는지 모르기 때문이었다. 자기가 잃은 돈도 계산이 안 되는데 상대방이 얼마를 잃었을지는 알려고 하지도 않았다. 그러자 은행 간의 자금 거래가 얼어붙었다. 내 자신의 유동성 확보가 우선이기도 했지만, 상대방이 언제 나가떨어질지 모르는데 함부로 돈을 내주었다 떼이기라도 하면 어쩔 건가. 이들의 두려움은 매우 합리적이고 근거 있는 두려움이었다. 2007년이 지나고 2008년이 되자 그 유명한 리먼뿐 아니라 전통의 강자 뱅크오브아메리카, 그리고 내가 부동산을 공부하던 동남부 지역에서 주로 모기지를 발판으로 급성장하며 신흥 강자로 떠올랐던 와코비아 등이 모두 대규모로 대손상각을 할 것이라고 발표했다. 발표는 한 번이 아니었고 매번 수치가 올라갔다.

역시 그럴 리는 없었겠지만 이때 만약 이 금융기관들이 다같이 한 자리에 모여 앉아 주머니를 뒤적거려가며 "자, 우리 각자 얼마나 까먹었는지 한번 다 같이 모여 앉아 계산해 봅시다"라고 했다면 "겨우 이거?"라는 말이 나왔을 수도 있다. 버냉키의 말처럼 서브프라임 모기지는 다 해봐야 얼마 안 되었기 때문이다.

하지만 이들은 각자가 얼마나 손해를 보고 있는지 몰랐고 진짜로 서로의 주머니를 다 까서 자기 패를 공개하고 사태를 협의할 수도 없었다. 서로 눈치만 보며 상황을 파악하려 애썼다. 이 두려움 때문에 금융기관들 간의 정상적인 자금 거래마저 얼어붙으며 금융시스템 마비를 가져온 것이다. 그리고 이 마비된 금융시스템은 서브프라임과 관련 없는 투자자들에게도 또 다른 두려움을 가져다 줘 앞뒤 가리지 않는 투매를 불러일으켰다. 2008년 금융위기의 본질은 이런 것이었다.

역사는 되풀이되지만 똑 같은 방식으로 되풀이되지는 않는다. 현재 분위기 좋은 부동산 시장이 결국엔 냉각된다고 하더라도 2008년과 같은 식의 신용위기는 발생하지 않을 것이다. 적어도 주택담보대출 시장에서 그런 위기가 발생하지는 않을 것이다. 이 책 후반부에서 자세히 다루겠지만 현재 미국의 주택담보대출 시장은 금융위기 이전과는 확연히 다른 모습이다. 금융기관도, 투자자들도 매우 보수적인 시각을 견지하고 있다.

하지만 유사한 방식의 위기가 전혀 다른 분야에서 발생할 가능성은 있다. 바로 중국이다. 중국, 특히 비금융 분야의 부채는 마치 2008년 금융위기 이전의 서브프라임 모기지 풀과 매우 유사한 특성을 가

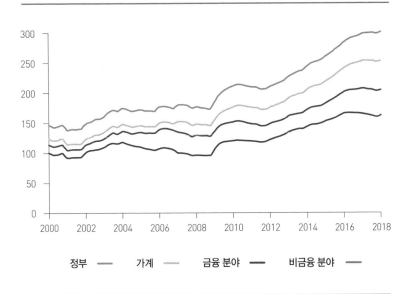

중국 분야별 부채 추이 단위: %

300
250
200
150
100
50
0

2000 2002 2004 2006 2008 2010 2012 2014 2016 2018

정부 — 가계 — 금융 분야 — 비금융 분야 —

※ GDP 대비   출처: IIF, 파이낸셜 타임즈

지고 있다. 바로 '그 안에 뭐가 들어 있는지 모른다'는 것이다. 비교적 그 내용이 소상히 드러날 수밖에 없어 정부 규제를 받고 각종 신용지 표상으로 유무형의 불이익을 받을 수밖에 없는 정부나 금융기관의 부채에 비해, 이 비금융 분야의 부채는 이를 피하고 감추기 위해 늘 어난 것이기 때문이다. 바로 2만 개에 달하는 중국 국영기업들의 부 채다. 이들은 마치 정부와 같은 지위로 금융기관에서 돈을 마음대로 빌려 쓴다. 특히 지방정부들이 정부 부채비율을 줄이기 위해 산하의 국영기업들을 통해 자금을 조달하기 때문이다.

2018년 말, 이들 중국 국영기업들의 총 부채는 120조 위안, 우리

돈 약 2경 원에 달한다. 중국 GDP의 1.3배 규모이다. 이는 금융분야 국영기업의 부채는 제외한 것인데 금융분야 국영기업의 부채는 약 3.5경 원이다. 물론 금융 분야는 국영기업이라고 해도 비교적 투명하게 규제를 받지만 건설이나 제조, 부동산 개발을 하는 국영기업들의 부채는 이와는 또 다른 이야기다. 쉽게 말해 외환위기 직전 우리나라 대기업의 부채를 생각하면 된다. 장부는 있지만 믿을 수 없다는 말이다.

이 뭐가 들어 있는지 모르는 부채 문제가 중국 경제의 아킬레스건이고, 일부에서 제기하는 음모론처럼 미국이 설계를 하든 투기세력이 도화선이 되든 때가 되면 '빵!' 하고 크게 터질 것이다. 절대 금액을 보고 안심하긴 이르다. 앞서 말한 대로 문제는 불확실성인 것이다. 하지만 적어도 아직까지는 그때가 도달했다는 징조는 크게 보이지 않는다. 2008년의 서브프라임 모기지 사태는 적어도 1~2년 전에 많은 시장 참가자들이 낌새를 채고 대비를 하기 시작했다.

〈빅쇼트〉 같은 영화 내용에 너무 몰입하지는 말자. 영화는 재미를 위해 그리고 센세이션을 불러일으키기 위해 주인공을 제외한 등장인물은 희화화하는 경향이 있다. 지나가는 적군은 총알이 스치기만 해도 쓰러져 죽지만 주인공은 여러 발을 맞아도 끝까지 할말 다 하고 죽는다.

하지만 실제 상황에서는 영화 주인공 외에 많은 투자자들이 비교적 정확하게 고점을 예측하고 큰 돈을 벌었다. 다음 영화의 주인공이 누가 될지는 아직 모르겠으나 지금부터 총에 맞을 준비를 할 필요는 없다. 2008년 금융위기를 2004년부터 경고했다는 전문가들은

2004~2006년의 상승장을 고스란히 놓쳤고, 금융위기 이후 폭락한 부동산은 아무리 떨어져도 2004년 가격까지는 내려가지 않았다.

금융위기와 경제위기

모든 위기는 외환위기든 신용위기든 궁극적으로 금융위기다. 외환이나 신용으로 나누는 것은 그 발단이 어디냐는 것이지 결국에는 은행을 중심으로 한 금융시스템의 위기를 불러일으키는 것이다. 하지만 모든 금융위기가 경제위기는 아니다. 여기서 경제위기란 금융시스템의 붕괴가 실물경제로까지 전이되어 일반 기업체들까지 매출이 급감하고 도산위기에 몰리며 많은 사람들이 실업자로 전락하는 상황을 말한다.

우리에게 아직 기억이 생생한 20세기 말 외환위기는 분식회계를 통해 비정상적으로 높은 부채비율을 유지하면서 이를 바탕으로 방만하게 기업활동을 확장하던 일부 기업들의 신용위기로 이어졌고, 결국에는 경제위기를 초래했다. 반면 2008년의 금융위기는 실물경제에 당연히 영향을 안 미칠 수는 없었지만 경제위기까지는 가지 않고 금융위기 선에서 봉합되었다.

전공 분야가 '20세기 초반의 경제위기를 초래한 대공황'이었던 벤 버냉키가 구원투수로 나섰던 덕이 컸다. 버냉키의 별명은 헬리콥터 벤이다. 2008년 금융위기가 발생하고 1년 만에 본원 통화를 두 배로 늘려도 앞서 말한 두려움 때문에 금융시스템 안에서 돈이 돌지 않았다. 그러면서 대공황 시절과 마찬가지로 디플레이션 우려가 증가하자 '헬리콥터에서 돈을 뿌려서라도' 디플레이션을 잡겠다고 공언했다. 디플레이션이야말로 금융위기에서 바로 경제위기로 직행하는 지름길이다. 오늘 하나 살 돈으로 내일 두 개 살 수 있다는 것이 학습되면 소비가 얼어붙고 결국 기업들은 하나 둘씩 문을 닫게 된다.

중앙은행은 실제 액션을 취하기 전에 구두개입을 한다. 특히 금리의 향방에 대해서 시장이 들썩일 때마다 매번 금리를 올렸다 내릴 수 없기 때문에 중앙은행은 앞으로의 방향에 대해 구두로 시장과 소통을 하며 시장에 가이드라인을 제시한다. 그렇기에 중앙은행, 특히 수장의 발언은 신중해야 하고 함부로 번복되어서도 안 된다. 중앙은행이나 마피아나 구두로 하는 엄포가 효과를 발휘하려면 신뢰가 전제되어야 하기 때문이다. 중앙은행의 수장으로서 언행의 신중함의 중요성을 모를 리 없는 버냉키가, 그것도 중앙은행장 감으로서는 지나치게 학구적인 성격이라는 비판 아닌 비판을 받았던 버냉키가 "헬리콥터에서 돈을 뿌리겠다"는 말을 했다.

그가 이 말을 한지 근 10년의 세월이 흘렀지만 나는 이 말을 곱씹을 때마다 당시 버냉키가 얼마나 당황했고 두려워했는지 새삼 느낄 수 있다. 버냉키는 금융위기가 경제위기로 전파되는 것을 두려워했던 것이다. 그리고 경제위기를 그렇게 두려워했던 이유가 바로 불확실성이었다. 존경 받는 경제학자로서 그리고 중앙은행장으로서 버냉키는 금융위기에 대해서는 많은 경험과 함께 나름대로의 해법을 가지고 있었다.

하지만 경제위기는 그로서도 전인미답의 영역이었고 80년 전에 일어난 일을 책으로 배워 공부한 것이 그가 가진 지식의 전부였다. 쉽게 말해 경제위기의 세계로 들어가면 무슨 일이 벌어질지 가늠이 안 되는 것이다. 세계를 뒤흔들지도 모르는 불확실성의 공포에 직면하자 두려움에 사로잡힌 연준의장의 입에서 평소 캐릭터답지 않은 말이 쏟아져 나왔다. 결국 2008년 금융위기는 경제위기로 번지기 직전에 가까스로 진화가 되었다. 미국을 기준으로 평소보다 5배 가까이 풀린 유동성은 그에 대한 대가였고 우리는 지금 그 뒷수습을 하는 시대를 살고 있다.

뛰다가 걷는다고
꼭 넘어지는 것은 아니다

경제위기라는 강도는 문 앞까지 왔다가 급하게 출동한 경찰차의 다급한 사이렌 소리에 슬그머니 돌아갔고, 금융위기는 한때 안방까지 들어와 한바탕 패악질을 쳤지만 때맞춰 출동한 경찰이 대처를 잘 해준 덕분에 결국 집밖으로 몰아내는 데 성공했다. 하지만 그 와중에 온 집안이 난장판이 된 것은 어쩔 수 없다. 그것까지 경찰보고 "장식장 안 깨지게 살살 제압하지 그랬냐"고 할 수는 없지 않은가.

뒷정리를 하다 보면 힘도 많이 들고, 철없이 뛰어 다니던 막내아들이 깨진 유리조각에 발을 베일 수도 있다. 하지만 이 상황을 전부 '새로운 강도의 출현 또는 금융위기'라고 할 수 있을까? 이번 장에서는 지금이 단순한 경기둔화 과정인지 아니면 새로운 위기 국면인지에 대해 전반적인 거시경제 측면과 부동산 측면에서 다루어 보겠다. 결론부터 말하자면, 위기 가능성은 내포하고 있지만(언제는 아니었을까?) 아직은 때가 아니라는 것이다.

지금은 새로운 금융위기 국면인가

물론 위기는 세계 어느 곳에서나 시작될 수 있다. 꼭 2008년처럼 미국일 필요는 없다. 1990년대 후반의 외환위기처럼 동아시아에서 시작할 수도 있고, 아직까지 양적완화를 종료하지도 못하고 마이너스 금리를 유지하는 판국에 브렉시트 협상도 제대로 마무리 못 지으면서 곳곳에서 반정부 시위는 끊이지 않고 극우정권들이 들어서고 있는 유럽이 다음 타자가 될 수도 있다. 러시아와 중국은 이런 논의에서 빠지지 않는 단골손님이고, 터키나 남아시아 같은 신흥국이 될 수도 있다.

우선 바로 지난 금융위기의 진앙지였던 미국의 상황을 한번 점검해보자. 앞서 말했지만 중국은 단골 후보이긴 하나 바로 '올해의 수상자' 명단에 오를 것 같진 않다. 신흥국들은 여전히 강력한 후보이지만 지난 외환위기에서 배운 교훈을 바탕으로 그간 대비해놓은 것이 있어 똑같은 수법에 당하지는 않을 것이다. 결국 이번에도 중요한 것은 미국의 상황이다.

현재 미국은 독야청청이라는 말이 딱 어울리게 혼자 잘나가고 있다. 이는 물론 트럼프의 미국우선정책 때문이다. 사실 이는 트럼프의 정책이라기보다는 냉전 종료 이후 새로운 국제질서라고 보면 된다. 미국이 굳이 맏형 노릇을 하며 동맹국들을 경제적으로나 군사적으로 지원해줄 현실적인 이유가 없어졌기 때문이다. 트럼프는 이 시대정신의 원인이 아닌 결과물일 뿐이다. 그렇다면 이 트럼프 집권 초기의 황금기가 얼마나 오래갈까? 많은 전문가들이 언론에 나와 말하는 대로 이제 미국도 경기둔화가 가시화된 것일까?

미국 실업률 및 민간 부문 임금 상승률

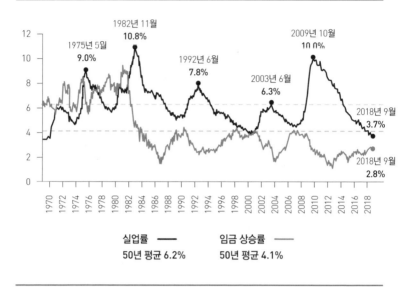

출처: JP모건, BLS FactSet

    미국의 실업률은 1970년대 이후 최저점을 계속 갱신하고 있다. 이전 미국 경제의 황금기는 1950~1960년대였다. 1960년대는 제2차 세계대전으로 폐허가 된 독일과 일본 등 서방의 공업국가들이 산업 시설을 복구하고 다시 미국의 경쟁자로 떠오르기 직전으로, 미국이 서방의 산업생산을 독점하던 마지막 시절이었다. 또한 2차 산업혁명이 막바지에 다다른 시점이기도 하다. 1970년대는 독일과 일본 등의 산업시설이 완전히 복구되어 미국의 주요 경쟁자로 등장하기도 했지만 2차 산업혁명이 마무리되며 장기저성장이 시작된 시기이기도 하다. 현재 미국의 실업률은 이 마지막 황금시대인 1960년대의 3%대

미국 학력별 실업률 추이

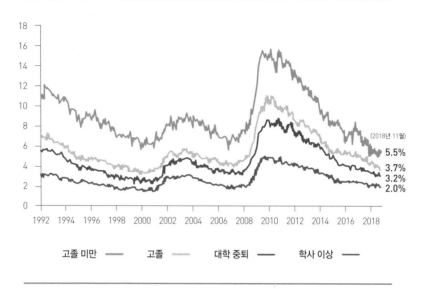

(2018년 11월)
5.5%
3.7%
3.2%
2.0%

고졸 미만 ——   고졸 ——   대학 중퇴 ——   학사 이상 ——

출처: BLS FactSet, JP모건

로 돌아간 것이다.

그 중간에도 황금기가 있긴 했다. 짧고 굵었던 1990년대 후반의 3차 산업혁명 시절이다. 당시는 신경제라는 말이 유행했다. 기존의 경제학 이론으로 설명이 불가능한 경제성장과 물가안정이 공존하는 '이상한 상황'을 보고 경제학자들은 '신경제'라는 이름을 붙였다. 물론 이런 이상한 상황은 3차 산업혁명 이후 물가측정 방식이 현실을 반영하지 못한 결과일 뿐이다. 하지만 이 신경제 시절의 실업률도 1960년대 황금기에는 미치지 못한 4% 수준이었다.

현재 미국의 실업률은 이 신경제 시절보다 더 낮아져 1960년대 미

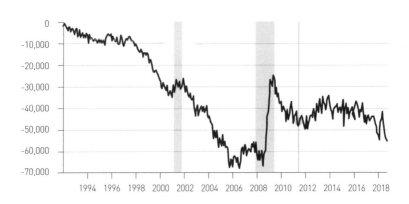

미국 무역수지적자 추이

단위: 백만 달러

출처: 미국 연준 FRED

국의 진정한 황금기 수준으로 돌아갔다. 더 이상 좋을 수 없는 상황이다. 그리고 이 수혜는 학력 고하를 가리지 않고 모두에게 골고루 돌아갔다. 고졸 이하의 실업률이 절대 수치로는 가장 높긴 하지만 이들의 실업률은 가장 큰 폭으로 떨어졌다. 빠져나가던 제조업 기반을 다시 미국 본토로 가지고 왔기 때문이다. 트럼프 정책의 수혜를 가장 많이 받은 계층이 바로 저학력의 블루칼라 계층이다. 우리 식으로 말하면 서민들이다. 고학력자도 마찬가지이다. 미국 대졸자의 실업률은 2%까지 떨어졌다. 이직 과정에서 생기는 마찰적 실업자를 제외한다면 자연실업률 이하로 떨어진 것이다. 미국에서는 대학을 나오고 취업을 못 하는 것이 더 어려운 상황이 되었다.

미국의 재정적자는 여전히 우려스러운 수준이다. 게다가 트럼프

미국 무역수지 GDP 대비 비중

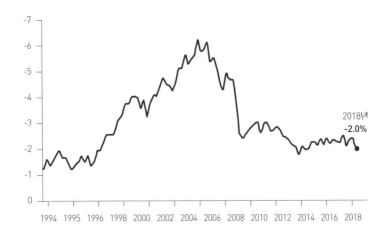

2018년
-2.0%

출처: JP모건, 연준

가 공언한 인프라스트럭처 투자는 아직 개시도 안 했다. 하지만 한 때 미국의 아킬레스건이었던 무역적자는 아주 안정적인 수준에서 관리되고 있어 금융위기 이전 수준을 넘어 1990년대 후반 신경제 당시 수준까지 회복되었다. 그리고 트럼프가 집권하면서 이 무역수지 적자는 더 줄고 있다.

1990년대 이후 미국의 무역수지 적자폭은 지속적으로 커졌다. 2008년 금융위기로 교역이 위축되며 오히려 잠시나마 완화되기는 했으나 이후 다시 적자폭이 심화되고 있다. 그렇다면 어떻게 무역수지 적자가 안정적으로 관리되고 있다는 말인가?

미국 무역수지 적자를 절대금액이 아닌 GDP 대비 %로 계산해보

자. 무역수지 적자의 절대 금액이 중요한 것이 아니다. 경제규모가 커진다면 적자규모 역시 커진다. 중요한 것은 절대금액이 아닌 전체 경제규모에서 차지하는 비중이다. 현재 GDP 대비 미국 무역수지 적자 비중은 미국경제가 3차 산업혁명의 과실을 즐기던 1990년대 수준에서 머물고 있다.

앞서 금융위기에는 크게 외환위기와 신용위기가 있다고 했다. 그런데 외환위기는 우리나라 같은 신흥국에나 해당되는 이야기이고 미국처럼 달러를 찍어내면 그만인 기축통화국에는 해당사항이 없다. 따라서 미국의 경우에 주의 깊게 보아야 할 위기는 신용위기뿐이다. 신용위기는 결국 돈을 빌린 사람이나 기업이 갚지 못하면 발생한다.

서브프라임 모기지 사태를 생각해보자. 돈을 빌리는 주체는 크게 봐서 정부와 기업, 그리고 개인(가계)이다. 1970년대 미국은 자국화폐에 엄연히 써 있는 금태환에 대해 전 세계를 향해 배를 째라고 선언한 적이 있고, GDP 대비 부채비율이 지속적으로 늘고 있는 미국 국채를 안전자산(경제학이나 재무학에서는 미국 국채를 위험도가 전혀 없는 안전자산으로 분류한다)이라고 가정할 수밖에 없는 것이 경제학의 태생적 한계이며 많은 혼란의 원인이라고 전작에서 지적한 바 있다. 하지만 지금 당장 미국정부가 국채에 대해 디폴트를 선언할 일은 없을 것이다. 그렇다면 기업이나 가계는 어떨까?

다음 페이지 그래프는 미국 기업 중에서도 가장 디폴트 확률이 높은 정크본드, 즉 투기등급 회사채가 실제로 디폴트 선언을 하는 비율Default Rate을 나타낸 것이다. 미국 정크본드의 디폴트 비율 역시 지속적으로 낮아져 역사적으로 가장 낮은 수준에 머무르고 있다. 따라서

미국 정크본드 디폴트 확률

단위: %

디폴트 확률	30년 평균	최근	미국채 대비 프리미엄	30년 평균	최근
	3.8%	2.0%		5.8%	3.6%

출처: JP모건

미국 국채와 정크본드 간의 수익률 차이도 바닥권이다. 경기가 워낙 좋아 정크본드마저 약속한 이자를 꼬박꼬박 잘 상환하고 있으니, 안전자산인 미국 국채에 비해 정크본드에 투자할 때 요구되는 리스크 프리미엄이 낮아지는 것은 당연하다.

게다가 미국은 가계부채마저 양호하다. 부동산 시장은 활황을 구가하지만 모기지에 크게 데인 학습효과가 있어서인지 미국의 가계부채는 오히려 감소하고 있다. 여전히 주택 구입자의 50% 이상이 80% 이상의 LTV로 대출을 받고 있는 미국의 현 부동산 시장을 고려하

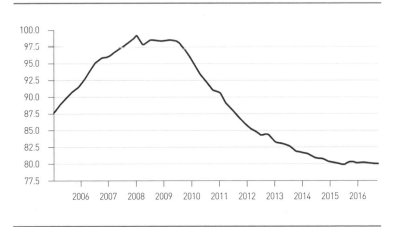

미국 가계부채 GDP 대비 비중

단위: %

100.0
97.5
95.0
92.5
90.0
87.5
85.0
82.5
80.0
77.5

2006 2007 2008 2009 2010 2011 2012 2013 2014 2015 2016

출처: 미국 연준 FRED

면 이는 한 가지 이유로 해석할 수밖에 없다. 10년 전처럼 모기지를 90% 이상씩 받고 집을 여러 채 사던 무분별한 투자가 사라지고 실수요자 중심으로 재편되었다는 것이다.

이런 미국의 경제상황을 반영한 결과물이 미국의 금융환경지수 NFCI, National Financial Conditions Index다. NFCI는 시카고 연방준비 은행에서 매주 발표하는 지수로 채권시장과 주식시장을 모두 포함하는 자본시장과 자금시장, 전통적인 은행뿐 아니라 그림자 금융까지 모두 포괄하는 미국 금융시장의 전반적인 상황을 나타낸다. 2008년 금융위기 직전에 치솟으며 위험을 경고했던 이 금융환경지수 역시 저점에서 맴돌고 있을 뿐이다. 어찌 보면 당연한 일이다. 경기가 이토록 좋으니 말이다.

미국 금융환경지수

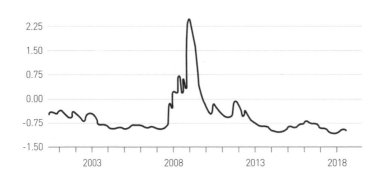

출처: 시카고 연방준비 은행, BIS

물론 위험을 나타내는 징후는 언제든지 있다. 미국 정부의 부채는 꾸준히 늘고 있다. 정상적인 금융투자자라면 이런 상황의 채권을 보고 설마 미국 정부가 배를 째겠어 하면서 무위험자산이라고 분류하지는 않을 것이다. 1990년대의 롱텀캐피탈LTCM 사건은 '설마 러시아 정부가 배를 째겠어'라는 생각이 현실로 일어나면서 발생했다.

하지만 미국의 정부부채 비율은 아직 크게 우려할 상황은 아니다. 늘고는 있으나 GDP의 100% 이하에서 관리되고 있다. 정작 이를 눈여겨 보아야 하는 시기는 2020년 이후다. 트럼프가 본인의 공약인 인프라 투자를 위해 국채발행을 크게 늘릴 수밖에 없는 시기이기 때문이다. 지금 트럼프가 연준을 보고 금리를 내리라고 엄포를 놓을 수밖에 없는 배경이기도 하다. 하지만 매번 강조하듯, 투자의 세계에서 아직 일어날 기미가 보이지 않는 일을 몇 년이나 앞서 먼저 예측하고 위험을 피하겠다며 수년간 가만히 앉아 있다 보면, '나도 그때 그걸 사려고 했었는데, 지르려고 했었는데, 나도 다 알았는데'라고 반복해 자위하는 노인이 되어버릴 뿐이다.

그렇다면 미국의 주식을 사는 것은 어떨까? 주식시장은 단순히 거시경제를 분석하는 것과는 또 다른 영역이다. 주식시장의 가치분석에는 미래에 대한 기대치가 반영되기 때문이다. 그리고 이 미래에 대한 기대치는 유행을 탄다. 대표적으로 지금은 바이오나 AI, 자율주행 같은 분야가 매우 유행을 타며 고평가 받고 있다. 이 미래 수익에 대한 예측에는 근거가 없다. 기업체에서 주장하는 근거는 있지만 이를 액면 그대로 믿을 수는 없다. 이 미래에 대한 예측에 정말 오만 가지 이유로 햇살이 비치거나 먹구름이 낄 때마다 주식시장은 널뛰기를 할 수밖에 없다.

우리나라처럼 자본시장 규모에 비해 개방 정도가 과도한 나라는 이에 더해 국내 증권전문가들이 파악하기 힘든 외국투자자들의 수급도 펀더멘탈과는 별개로 알아야 하는 변수이기도 하다. 하지만 전통적인 방법론에 의거해서 현재 주식시장이 과열인지를 판단할 수는 있다. 다시 말하지만 전통적인 방법론에 의해 과열이라고 판단되더라도 주식시장은 얼마든지 더 상승할 수 있다. 반대도 마찬가지이다. 투자자들이 미래에 대한 기대치가 높아지거나 낮아지는 이유를 찾아내기만 하면 말이다. 그렇기에 주식시장은 거시경제에 대한 분석보다는 시장참가자들이 개별기업의 미래 수익에 대해 공유하는 컨센서스에 의해 좌우되는 시장이다. 적어도 단기적으로는 그렇다. 그렇다면 지금 미국의 증시는 어떤 상황인가?

S&P500의 PER

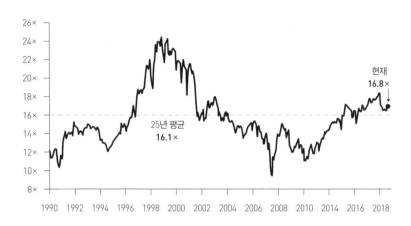

출처: JP모건

위 그래프는 미국 증시의 '예상수익에 기반한 PER'를 계산해 놓은 그래프이다. PER는 주가수익비율로 기업의 가치, 시가총액을 기업체가 실제 벌어들인 수익으로 나누어 놓은 것이다. 한국은 보통 PER=13, 즉 기업체가 번 수익의 13배가 기업가치라는 수치가 공식처럼 자리잡았고, 미국의 경우 지난 25년간 평균 PER는 16.1이다. 현재 미국의 주가는 매우 많이 상승한 것처럼 보이지만 이 향후 12개월간의 예상수익에 기반한 주가수익비율은 16.8, 즉 25년 평균 수준에 불과하다. 주가가 그렇게 올랐는데 12개월 예상 PER는 역사적 평균 수준이다? 즉 기업의 수익이 그만큼 빠르게 올랐다는 것이다. 앞서 말한 바이오니 AI니 하는 분야처럼 먼 미래의 확인되지 않은 기대 수익이 반영된 것이 아니라는 말이다. 금융위기 이후 10달러 아래로 내려갔던 S&P500 기업의 평균 주당 순이익EPS은 현재 그 4배인 40달러 선까지 치솟았다.

이 주당순이익이 치솟은 배경에는 물론 경기호황도 있지만 트럼프의 정책 중 하나인 법인세 감면 효과가 있다. 이 법인세 감면을 경기 호황의 배경 중 하나로 꼽아도 무리가 없을 것이다. 사실 이 부분은 해석이 엇갈릴 수 있다. 법인세 감면은 미국의 재정적자를 심화시키는 요인 중 하나기 때문이다. 미국의 재정적자는 2017년에 비해 2018년에 무려 17% 늘었는데 그 주요 원인 중 하나는 바로 법인세 감소다. 미국 정부의 수입 항목 중 법인세 항목은 전년도에 비해 무려 30% 이상 감소했다. 경기호황으로 개인 소득세가 늘면서 어느 정도 벌충은 되었으나 지출 분야에서 역시 국채에 대한 이자가 무려 23%나 증가하며 적자폭이 심화되었다.

이 이자지출 문제는 이 책의 후반부에 금리와 함께 다시 다루도록 하겠다. 법인세 문제는 2019년 이후 미국의 경기둔화와 증시하락을 예상하는 사람들이 단골로 들고 나오는 이슈다. 2018년 미국 증시의 상승은 미국 기업들의 수익이 법인세 감소 덕에 일시적으로 큰 폭으로 늘었기 때문이고, 2019년에는 이 법인세 감소 효과가 없다고 말이다. 하지만 이 감세효과는 사라지는 것이 아니다. 트럼프가 도입한 법인세 감세는 1회성이 아니라 항구적인 것이기 때문이다. 2019년 미국 기업의 수익은 적어도 이 측면에서는 줄지 않는다. 한 번 줄어든 것이 계속 유지될 뿐이다.

다시 말하지만 나는 여기서 주식시장의 향방을 예측하는 것이 아니다. 미국 경제는 한동안 안정세를 유지하겠지만 주식시장은 늘 춤을 출 수 있다. 미래 수익에 대한 수많은 기대치가 실시간으로 반영되어 움직이는 주식시장의 향방은 똑똑한 재야의 고수 혼자 골방에 앉아 분석해 블로그에 올릴 수 있는 성질의 것이 아니다. 주식시장의 향방은 분석보다는 컨센서스, 즉 주요 시장 참여자들이 공통적으로 생각하는 방향으로 움직이기 때문이다. 주가지수는 상장된 모든 기업들의 미래 수익에 대한 컨센서스의 합이라고 보면 된다. 여기에는 적어도 단기간의 미래 성과에 대해 비교적 예측이 용이한 전통 산업도 있지만 바이오나 IT처럼 근거보다는 기대에 의해 미래 수익에 대한 예측이 좌우되는 산업들도 많다. 특히 이들 산업의 비중이 커질수록 시장의 컨센서스가 중요해진다. 주가는 적어도 단기적으로는 특정투자자가 정확하게 예측한 미래 수익에 의해서가 아니라 시장의 많은 참여자들이 공유하는 미래 기대수익에 따라 움직이기 때문이다. 여의도의 수많은 증시전문가들이 이런 저런 핑계를 찾아 모임을 형성하는 것도 다 이 컨센서스를 공유하는 그룹을 만들기 위함이다.

반면 자본시장 개방으로 외국투자자들의 수급이 중요해진 상황에서 수많은 국내 증시전문가들이 가끔씩 헛다리를 짚는 주요 원인이기도 하다. 이들은 외국 주요투자자들의 컨센서스에서 배제되기 때문이다. 각종 컨퍼런스나 세일즈PT에서 만나 "하이~ 아임 파인!" 하며 나도 저 사람들 안다고 말을 하겠지만 돈 되는 정보에서 배타적인 것은 금융선진국일수록 심하다. 더 큰 돈이 오가기 때문이다.

그렇기 때문에 월스트리트에서도 컨센서스를 공유하기 위한 배타적인 이너써클을 만들기 위해 학연, 지연이 한국은 저리가라 할 정도로 심하다. 예전에 미국에서 면접을 보았던 한 대표적인 투자은행의 매니저는 자신이 나온 고등학교 얘기로 내 기를 팍 죽였다. 업무에 대한 이야기를 하던 중에 나온 것이 바로 이 시장 컨센서스였다. 모기지 관련 파생상품 시장의 컨센서스에 대한 이야기였다. 그는 마침 자신이 나온 고등학교 친구들이 월스트리트에 '우연히' 많이 근무하기 때문에 전화를 쭉 돌리곤 한다고 했다. "이럴 때는 내가 뉴욕에서 고등학교를 나온 것이 도움이 된다"며, '뜨르르한' 이름의 사립고등학교를 나왔다는 걸 간접적이면서도 직설적으로 과시하는 것이다. 이때 만약 "나도 맨해튼에서 무슨 (사립)고등학교 나왔는데"라고 하면 "그럼 어느 회사 누구 알아?" 하며 이너써클의 문이 살짝 열린다. 이 살짝 열린 문을 밀고 안으로 들어가는 것은 본인 역량이다. 한국에서 중동고등학교를 나온 나는 이런 대화를 이어갈 일이 없었고, 결국 면접에서 떨어졌다.

2018년 말에 조정을 받은 주식시장은 2019년에도 후년에도 그리고 그 이후로도 시장참가자들의 컨센서스가 변할 때마다 널뛰기할 것이다. 미국 경제가 한창 호황세에 접어들기 시작한 2015~2016년에도 미국 증시는 한 번 크게 고꾸라진 적이 있었다. 하지만 주식시장의 향방에 대한 미국 동부 프레피(동부 명문 사립고 학생을 칭하는 용어)들의 컨센서스와는 별개로 미국 경제는 적어도 단기적으로는 견고함을 유지할 것이다. 중간선거가 끝난 미국도 차기 대선까지는 큰 정치적 이벤트 없이 평온함을 유지할 것이기 때문이다.

미국은 그렇다 치고 한국경제는 어떨까?

다수의 경제전문가들과 증권전문가들이 한국의 경제전망을 매우 어둡게 본다. 나 역시 일부 동의하는 바다. 다만 집고 넘어갈 것은 '금융위기'나 '경제위기', 혹은 '폭락' 같은 단어들의 사용이다. 대부분의 투자자들에게 3~5년 이후의 일을 미리 예상하는 것은 전반적인 추세를 가늠해보는 것 외에는 큰 효용이 없다. 종자돈을 모은 30대에 그런 스탠스를 취해버리면 몇 번의 대세상승과 하락을 눈으로 지켜만 보다가 짧은 인생이 그냥 지나갈 것이다.

다시 한 번 말하지만 2004년부터 2008년 금융위기를 예측했다고 주장하는 사람들은 2004~2006년의 대세상승장을 놓쳤고, 금융위기 후 폭락한 가격도 대세상승 이전 이들이 위기를 경고하던 시점의 가격으로는 돌아가지 않았다. 경기가 둔화된다고 바로 폭락하는 것은 아니다. 흑백론을 경계해야 하는 이유는 세상에는 회색지점이 더 많을 수도 있기 때문이다.

근미래의 한국경제 전망이 매우 어둡기 때문에 자산 시장에서 발을 빼야 한다면 묻고 싶은 말이 있다. 왜 리버스 인덱스에 투자하지 않는가? 그런 고급정보를 가지고 왜 조금 더 적극적으로 투자에 활용하지 않는가? 그런 확신을 가지고 있다면 왜 굳이 종자돈도 많이 필요하고 거래비용도 높고 지금 같이 시장이 얼어붙으면 거래 절벽이 와서 유동성에도 제약이 많은 부동산 시장에 얼쩡거리는가 말이다.

주식시장이야말로 그런 확신을 가진 사람에게 완벽한 투자 기회를 제공한다. 미·중 관계가 어떻고 반도체가 어떻고 하며 2019년 이후 한국 경제가 어둡다고 그렇게 확신을 한다면 리버스 인덱스 펀드를 사면 된다. 지수가 빠지면 리버스 펀드는 오른다. 아니 펀드 수수료까지 아낄 수 있는 리버스 ETF도 있지 않은가. 전세를 끼고 살 수

리버스 인덱스 펀드

지수가 하락할 때 반대로 수익을 내도록 구조화한 상품으로 하락장에서 유용한 대
안이다. 주로 선물을 매도하는 방식으로 지수가 상승할 때 엇비슷한 수준으로 마
이너스 수익률을 낼 수 있도록 설계됐다. 리버스 인덱스 펀드는 증거금 납입 후 채
권 투자도 가능해 이자로 이한 초과 수익 또한 얻을 수 있다.

있는 부동산은 적은 자금으로 큰 투자를 할 수 있는 레버리지 효과가
있지 않느냐는 소심한 반론이 있을 수도 있다. 하지만 우리의 증권전
문가들은 고객이 무얼 좋아할지 몰라 미리 다 준비해 놓았다.

바로 이름부터 명확한 '~선물인버스2×'다. 미래에셋이나 삼성자
산운용 등 다양한 자산운용사에서 유사한 상품을 내놓고 있는데 복
잡할 것 없다. 주식시장이 떨어지면 그 떨어지는 만큼의 두 배가 오
른다. 물론 주식시장이 오르면 두 배로 떨어진다. 2019년 이후 세계
경제, 아니 한국경제를 그만큼 암울하게 본다면 이보다 더 적합한 투
자처가 어디 있단 말인가? 주식시장은 급락을 하더라도 대개의 경우
언제든지 1~20%만 손해 보면 바로 현금화할 수 있고, 거래비용 역
시 부동산에 비해 무시해도 좋을 만큼 미미하다. 무엇보다 클릭 한
번으로 이뤄지는 거래의 편리성이 '발품을 팔고 매수매도자를 만나
기도 전에 공인중개사와 먼저 밀당을 하다 매수매도자와 다시 기싸
움을 해야 하는' 이 번거로운 부동산 시장에 비할 바가 아니다.

앞으로의 경제전망이 암울하다는 이들이 이런 수많은 장점에도

불구하고 리버스 인덱스 레버리지에 투자하지 않는 이유는 단 한 가지일 것이다. 스스로 확신이 없기 때문이다. 미래의 일, 특히 많은 사람들의 관심사인 부동산이나 경제(라기보다는 주식시장일 것이다) 분야에 대해 예상을 하다 보면 자주 듣는 말이 있다. "나도 그렇게 생각했다"는 말이다. 많은 사람들이 다 대학 교육을 받았고 나름 신문도 읽고 경제 블로그도 찾아가면서 재테크 공부를 한다. 그러다 보니 웬만한 내용은 다 아는 것 같고 나름대로의 생각도 있을 수 있다. 하지만 이어지는 말은 대개 이렇다. "그때 나도 그걸 사려고 했는데", 혹은 "팔려고 알아봤는데".

나도 다 알고 있던 거고 그때 다 그렇게 생각했다는 사람은 많지만 실제 자신의 재산을 걸고 투자한 사람은 소수다. 이유는 역시 하나다. 확신 없이 그냥 한번 생각해본 것이기 때문이다. 그 생각만을 한 것도 아니었을 것이다. 지나고 나니 맞아떨어진 것을 확인하고 '아, 나도 그때 그렇게 생각했어'라고 말하지만, 소파에 누워서 또는 지하철에 앉아서 그와 반대되는 생각도 수없이 많이 했다는 사실은 기억하지 않는다. 시간이 지나 결과가 명확해지면서 기억 속에서도 슬그머니 지워버린 이런 저런 생각을 실천에 옮기지 않은 이유는 역시 하나, 확신과 명확한 근거 없이 그냥 한번 생각해보거나 말해본 것이기 때문이다.

스스로 확신이 없기는 '투자 전문가'라는 일부 사람들도 마찬가지이다. 다음 페이지 그래프는 지난 10여 년간의 코스피 지수에 한때 한국 증권가의 대표적인 이코노미스트를 자처하던 한 대학 교수가 했던 예측을 매핑한 것이다. 어떤가? 그는 스스로의 예측을 확신할

모 유명 이코노미스트의 예측과 실제 코스피 지수 움직임

수 있을까?

내가 그를 기억하는 이유는 한때 그 말을 투자에 참고했다 낭패를 본 경험이 있기 때문이다. 그를 처음 본 것은 2006년 말인가 2007년 초, 기업체의 재무관련 임직원들을 대상으로 한 세미나에서였다. 많은 사람들이 언론에 소개되는 증권전문가들의 향후 예측이 한발 늦거나 뒷북을 치는 것을 보며 '원숭이가 무작위로 주식을 골라도 증권전문가들과 결과가 비슷하다'는 류의 비판을 하지만 이게 꼭 맞는 말은 아니다.

증권가에 몸담고 있다고 모든 사람들이 투자전문가의 반열에 오르거나 오를 수 있는 업무를 하는 것은 아니지만, 증권사나 자산운용사의 핵심 부서에서 주포로 활동을 하는 이들은 비교적 높은 확률로 큰 돈을 벌고 있다. 이들이 일반에 흘려주는 말들은 기자들의 성화에 못 이겨 어쩔 수 없이 해주는 말이거나 자신의 이름을 알리려고 반 박자 늦게 말해주는 정보인 경우가 많다. 거래비용과 거래시간이 거 의 들지 않는 증권투자의 속성상, 이런 정보가 공유되면 이들은 결국 자신이 벌 수 있는 돈을 못 벌기 때문이다. 따라서 이들의 정보는 자 신들만의 몇몇 이너써클 안에서만 공유되고 이너써클에 기여할 일이 없는 일반인들이 이런 정보를 접할 일은 거의 없다.

아무튼 나는 당시 이 사람의 예측을 꽤 진지하게 받아들였다. 어 느 정도 설득력을 갖추기도 했지만 증권사의 고객사인 대기업 재무 담당자들을 대상으로 하는 비공개 자리였기 때문이다. 고객사라고 뭔가 비밀스런 정보를 흘려주는 것은 아니지만 특정 기업에 대한 추 천도 아니고 시장 전반에 대한 흐름을 얘기하는 것이니 순서 상으로 볼 때 아주 한 물 간 얘기는 아닐 거라 생각했다.

그는 코스피가 1,400선이던 2006년 말~2007년 초, 한국증시의 조정을 예상했다. 장기 상승과정 중 조정을 받아 상반기에 1,300선 까지 밀릴 것이라며 다양한 분석 결과들을 보여주었다. 꽤 일리 있는 분석이라고 믿고 나도 당시 투자포트폴리오 상당 부분을 정리하고 현금을 보유했다. 그리고 그 해 여름, 코스피는 1,900을 훌쩍 넘으며 2,000선 탈환을 시도했고 결국 가을에 2,000고지에 올랐다. 물론 1 년 후 미국 발 금융위기가 터지며 바로 꼬꾸라졌지만, 이는 그가 1년 전에 했던 분석과는 전혀 상관이 없는 원인과 결과였다.

게다가 그는 금융위기가 터지기 직전에 상승장을 점쳤다. 조정 예 측이 틀리고 1년 후인 2007년 말, 다음 해 주식시장 전망을 하면서 이번에는 2,500까지 상승할 것이라는 다소 과감한 예측을 했다. 구겨진 체면을 만회하려면 뭔가 센세이션한 전망을 하고 이를 맞추는 것이 필요해서였을 것이다. 그리고 다음 해가 되자 금융위기 직격탄을 맞은 코스피는 1,000 바닥을 가볍게 아래로 뚫고 900선까지 밀려버렸다.

바닥을 찍은 코스피가 2,000선을 탈환한 것은 그로부터 3년이 지난 2011년이었다. 2,500까지 상승할 것이라던 코스피가 1,000 아래로 내려가버렸지만 전문가들도 여전히 밥은 먹고 살아야 하지 않은가. 증시가 다시 상승하며 2,000선까지 올라오자 자신감을 되찾은 이 전문가는 "이제 대세상승기에 접어들었다"며 3년 안에 코스피가 3,000까지 상승할 것이라는 내용의 책까지 출간했다. 그리고 책이 나온 이 후 6년 동안 코스피는 1,800~2,200을 지루하게 넘나들며 '박스피'를 유지했다. 3년 내에 3,000을 갈 거라던 코스피가 2,500을 넘은 것은 그로부터 6년 후인 2017년 말이었다.

현재는 현역에서 은퇴하고 서울의 한 명문대 교수로 재직하며 본인이 증권가에서 갈고 닦은 소중한 경험을 후학들에게 전수해주고 있는 이 전문가에게 내가 무슨 억하심정이 있어 이런 흑역사를 소상하게 기술하는 것은 아니다. 비록 그의 틀린 조언을 한 번 따랐던 적은 있으나 대단한 손해를 본 것도 아니고 상승장에서 얻을 수 있는 가상의 이익을 손해본 것에 불과했다. 결국 투자에 대한 책임은 본인이 지는 것이 아닌가.

당시 그의 의견은 내가 참고했던 수많은 정보 중 하나에 불과했다. 각각의 정보에 가중치를 두는 것은 결국 나의 소관이다. 아주 우

국내은행의 부실채권 규모 및 비율추이

단위: 조 원, %, %p

구분		부실 채권 계	기업여신	가계여신	신용카드	총여신	부실 채권 비율
2015년	12월	30.0	27.9	1.9	0.1	1,664.3	1.80
2016년	9월	29.1	27.0	1.9	0.2	1,700.1	1.71
	12월	24.6	22.8	1.7	0.2	1,732.9	1.42
2017년	3월	23.7	21.7	1.8	0.2	1,721.8	1.38
	6월	21.8	20.0	1.6	0.2	1,744.5	1.25
	9월	20.5	18.7	1.6	0.2	1,774.0	1.15
	12월	21.1	19.4	1.6	0.2	1,775.9	1.19
2018년	3월	21.1	19.3	1.6	0.2	1,783.7	1.18
	6월	19.4	16.0	1.6	0.2	1,821.7	0.96
	9월	17.8	16.0	1.6	0.2	1,852.2	0.96
증감	연간	△2.7	△2.7	0.0	0.0	78.2	△0.19
	분기	△1.6	△1.6	0.0	0.0	30.5	△0.10

출처: 금융감독원

연하게도 틀릴 때마다 책을 발간해서 그렇게 보일 뿐 맞힌 예측도 많았을 것이다. 오른다 내린다 두 가지 선택지밖에 없지 않은가. 내가 여기서 10년도 더 지난 일을 소상히 밝히는 이유는 이 분이 최근 "이제 곧 경제위기가 올 것"이라며 여기저기에서 위기론을 설파하고 있기 때문이다. 사실 나도 그 위기가 올 것이라는 책을 한 번 훑어는 보았다. 내용을 보면서 참 징하다는 생각도 했지만, 문제는 경제전문가

국내은행의 신규발생 부실채권 규모 추이

단위: 조 원

구분		신규발생	기업여신	(대기업)	(중소기업)	가계여신	(주담대)	신용카드
2015년 계		28.1	24.9	14.4	10.5	2.8	1.0	0.5
2016년	3/4	4.4	3.6	1.1	2.5	0.6	0.2	0.1
	4/4	5.6	4.9	2.4	2.5	0.5	0.2	0.1
	계	25.2	22.3	11.9	10.4	2.3	0.8	0.5
2017년	1/4	3.9	3.2	0.8	2.4	0.6	0.2	0.1
	2/4	3.9	3.3	0.7	2.6	0.5	0.2	0.1
	3/4	3.5	2.8	0.6	2.2	0.5	0.2	0.1
	4/4	5.8	5.2	2.7	2.5	0.6	0.2	0.1
	계	17.0	14.5	4.8	9.7	2.2	0.7	0.5
2018년	1/4	3.9	3.2	1.1	2.1	0.6	0.2	0.1
	2/4	4.0	3.3	1.3	2.0	0.6	0.2	0.1
	3/4	3.6	2.8	0.8	2.0	0.6	0.2	0.1

출처: 금융감독원

들이 하는 대세에 대한 예측은 지표에 입각한 본인의 소신이라기보다는 분위기에 편승하는 경우가 많다는 것이다. 쉽게 말해 사람들이 당시에 듣고 싶은 말을 해주면 전문가 칭호를 듣기 마련이다. 2019년 이후 경제위기가 올 것이라고 정말 그렇게 확신한다면 이 사람은 과연 전 재산을 털어 레버리지 인버스에 투자했을까?

한국은 금융위기, 콕 짚어서 신용위기를 걱정하기에는 앞서 말한 대로 주택담보대출과 가계대출 연체율이 사상최저를 갱신할 정도로 상황이 너무 좋다. 여기에 더해 은행의 부실채권 비율 역시 금융위기 이후 최저치를 갱신하고 있다.

기업여신과 가계여신 모두 부실채권이 줄고 있고 특히 신규발생 부실채권도 큰 폭으로 줄고 있다. 부실채권 비율이 줄어드는 것이 단순히 부실채권을 대손상각 처리해버린 결과가 아니라는 것을 알 수 있다.

미국과 한국 외에, 우리와 관련이 깊은 아시아 신흥국들 역시 앞서 살펴본 외환 상황뿐 아니라 경제성장률 등에서 남미나 중동의 신흥국들과는 다르게 안정적인 모습을 보이고 있다.

다시 말하지만 내가 여기서 주장하는 바는 주식시장의 등락이 아니다. 미래 수익에 대한 컨센서스에 변동이 생기면 2019년에도 2020년에도 주가는 얼마든지 빠질 수 있다. 하지만 그것이 신용위기든 외환위기든 금융위기의 징조는 아직 보이지 않는다. 금융위기가 심화되어 일어나는 실물경제위기 역시 마찬가지다. 부동산은 거래비용과 거래기간이라는 특성 상 주식시장의 등락과 1대1로 영향을 받지는 않는다. 그렇다면 앞에서 언급한 모 이코노미스트의 예측 중 주식은 전문가의 범위를 넘어선 신의 영역이라고 쳐도, 부동산에 관한 전반적 얘기는 맞지 않을까? 부동산이 폭락하기 직전인 2007년 초, 그는 서울과 강남 부동산이 2009년까지 완만한 상승세를 그릴 것이라고 예측했었다.

글로벌 부동산
버블이라기에는 지극히 차분한

미국의 부동산 시장은 과연 꺾였는가

미국 부동산 시장이 하락기에 접어들었다는 기사와 전문가들의 주장이 인터넷과 언론에 넘쳐나고 있다. 하지만 앞서 이미 보여주었듯이 10년 이상 되는 큰 흐름을 두고 보면 늘상 오르고 내리는 정도의 변동폭만을 보여주고 있을 뿐이다. 주식이야 초단타 매매로 수익을 내는 사람도 있고 반드시 장기투자가 바람직한 것만은 아닐 수도 있다. 하지만 부동산은 그 거래비용에 더해 거래를 완성하기까지 걸리는 시간과 유무형의 비용 등을 고려하면 단기적 시장 흐름을 따라가기보다는 최소한 중장기적으로 투자해야 하는 자산이다. 여기서 중장기적이란 최소 2~3년을 말한다.

무조건 팔지 말라는 말은 아니다. 만약 시장 급락이 예상된다면 유동성 확보나 리스크 관리 측면에서 사자마자 팔아야 하는 상황이 발생하기도 한다. 나도 2008년 금융위기가 발생하자 신분당선 연장

전미주택건설협회/웰스파고 주택시장지수 HMI

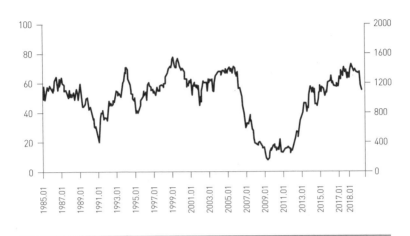

출처: NAHB

호재를 염두에 두고 매수했던 영통의 소형 아파트를 급히 매도한 적
이 있었다. 부대비용을 제하고 1,000만 원쯤은 남겨 팔긴 했지만 금
융위기가 한참 진행된 후 매도했다면 손해를 보았을 것이다.

최근 일부 언론에서는 전미주택건설협회NAHB에서 발표한 자료를
근거로 미국의 부동산 경기가 꺾였다는 기사를 보도했다. 전미주택
건설협회와 웰스파고 은행이 발표하는 미국 주택시장 지수가 43개
월래 최저치를 기록했다는 것이다. 역시 이 숫자만 보면 지금 미국
부동산 시장이 꼬꾸라지는 것으로 보인다. 그렇다면 이 역시 원자료
를 한번 찾아보자. 1980년대로 거슬러 올라간 장기추세를 보면 역시
2008년 급락기에는 아직 미치지 못하나, 앞서 소개한 미국부동산중
개협회의 잠정주택판매량과는 다르게 현 시점에서 하락폭이 매우 커

보인다. 우려스러운 대목이 아닐 수 없다. 그렇다면 이 두 지표를 어떻게 해석해야 할까?

전미주택건설협회가 발표하는 주택지수와 미국부동산중개협회가 발표하는 잠정주택판매량은 성격이 약간 다른 지표다. 그리고 미국 부동산 시장에서는 미국부동산중개협회의 지표를 더 중시한다. 이유는 역시 단순하다. 현재 시장의 상황을 판단하는 데 어느 지표가 더 현실을 충실히 반영하느냐에 달려 있다.

전미주택건설협회에서 발표하는 지표는 자신들이 지어서 파는 신축주택만을 대상으로 한다. 주택지수라고 이름을 붙였지만 실제 이 지표는 회원사인 주택건설업체를 대상으로 향후 신축주택의 판매전망을 설문조사로 집계한 것이다. 물론 신축주택의 판매전망이 부동산 경기와 밀접한 관계가 있는 것은 사실이다. 그렇다면 왜 전미주택건설협회의 지표는 전미부동산중개협회의 지표와 다른 모습을 보이는 것일까?

전미부동산중개협회는 신축주택에 관심이 없다. 부동산중개인의 사업영역은 기존주택을 중개하는 것이기 때문이다. 따라서 이들이 발표하는 간판지표는 기존주택 판매량을 기준으로 하는 잠정주택판매량이다. 신축주택 판매와 기존주택 판매를 기준으로 하는 지표 중 어느 쪽이 더 현재 부동산 시장을 잘 반영하는지는 앞서 설명한 바 있다. 미국의 신축주택 판매량은 연간 40~50만 채 내외인 데 비해 기존주택 판매량은 그 열 배가 넘는 500만 채 이상으로 두 주택 타입의 판매량이 10배 이상 차이 난다. 또한 신규주택의 현재 판매량은 일정부분 현재 부동산 경기보다는 과거 이들 주택이 처음 지어질 당

미국 기존주택 vs. 신축주택 판매량

단위: 천 호

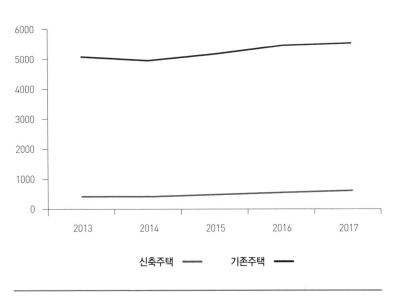

신축주택 —— 기존주택 ——

출처: 전미주택건설협회

시의 부동산 경기와 건설자재 수급을 반영한다.

전미주택건설협회는 협회 특성 상 신규주택을 위주로 한 통계만을 발표할 수밖에 없다. 그리고 이 또한 주요한 참고자료로 의미를 갖는다. 하지만 각종 협회에서 발표하는 통계자료를 판단할 때는 각자의 자료가 갖는 성격과 의미를 이해할 필요가 있다. 전혀 다른 결과로 해석될 수 있기 때문이다. 그리고 신규주택 판매시장의 데이터를 참고자료로 쓰려고 하면 설문조사 결과보다는 실제 판매량 자료를 보는 것이 더 의미가 있을 수도 있다. 전미주택건설협회의 주택지수는 기본적으로 향후 전망에 대한 각자의 판단을 묻는 설문조사이기 때

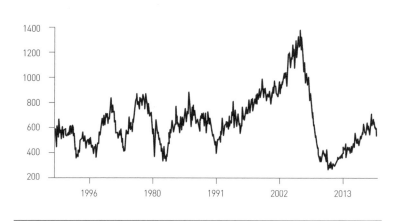

출처: TradingEconomics.com

문이다. 아무리 주택사업자라고 해도 모두 부동산 경기의 향방을 정확히 꿰고 있지는 않다. 실제 이 전미주택건설협회의 주택지수를 보면 미국 부동산에 한창 불이 붙은 2005년부터 급락하기 시작했다.

위 그래프는 미국 신규주택의 실제 판매량 그래프다. 2018년 말 현재 기준으로 판매량이 꺾이긴 했으나 이것만 보고 주택시장의 방향성이 바뀌었다고 확신하긴 어렵다. 그리고 무엇보다 지난 부동산 버블기 140만 채에 달했던 신규주택 판매량이 현재는 그 반 토막에도 이르지 못하고 있다. 즉 이번 상승장에서 주택시장은 전혀 과열 양상을 보이지 않았다. 이 부분은 바로 잠시 후 다른 지표들과 함께 자세히 다루겠다. 현재 미국 부동산 시장의 통계지표들은 과열도 급락도 없었던 2000년대 초반으로 돌아가 매우 보수적인 양상을 보이

S&P 미국 주택가격지수

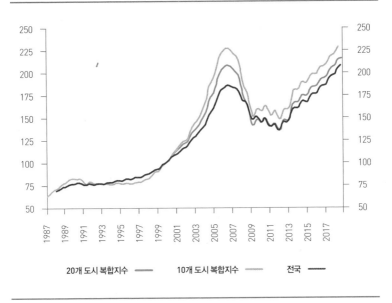

출처: S&P, 다우존스

고 있다.

　미국 부동산 시장의 상승률이 떨어진 것을 보고 일부 언론에서는 미국 부동산 시장 하락세가 시작되었다고 보도하지만 미국 부동산 시장 상승률은 이전에도 2012년의 급격한 반등 이후 2014년 큰 폭으로 떨어진 적이 있다. 주식시장도 이 무렵에 한 번 크게 조정을 받았다. 꺾였다고 보는 것은 단기적인 시각이다. 위 그래프에서 보듯 중장기적으로는 여전히 양호한 상승 흐름을 타고 있으며, 앞서 한국 부동산 시장에 적용해보았던 다수의 선행지표를 보아도 가까운 장래에 시장이 급락할 조짐은 보이지 않고 있다.

미국 주택 착공 추이

단위: 천 호

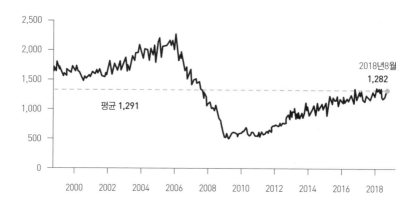

평균 1,291

2018년8월
1,282

출처: JP모건

미국 주택 인허가 수

단위: 천 호

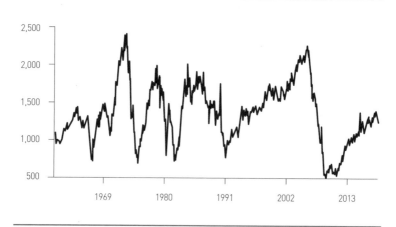

출처: TradingEconomics.com

상승률은 둔화되었지만 가격지수 자체는 여전히 견고하게 상승하고 있다. 앞서 한국의 부동산 시장을 점검하며 공급 측면에서 착공주택 수나 주택 인허가 수치를 확인해보았다. 전혀 과열의 조짐은 없었다. 그렇다면 미국은 어떨까?

미국의 주택 착공 실적 역시 전혀 버블의 기미는 보이지 않고 있다. 지난 부동산 버블 당시 연간 230만 세대를 넘었던 미국의 주택 착공은 금융위기가 터지면서 거의 1/5토막이 났다가 현재까지 회복된 것이 버블 당시의 절반 수준을 약간 넘고 있다. 이는 2018년 연간으로 보면 21세기 평균인 129만 세대를 조금 상회하는 수준으로 현재 미국의 주택 착공 실적은 부동산 버블은커녕 금리 인하가 시작되기 전인 2000년대 초반 수준에 머물고 있다.

주택 인허가 수도 마찬가지다. 금융위기 이후 1/5토막 난 수준에서 급격히 반등했으나 여전히 지난 버블 시절의 절반 수준에 머물고 있다. 즉 주택 착공 실적이나 인허가 수치나 공급 측면에서 버블의 징후는 전혀 보이지 않는다. 이 역시 학습효과 때문이다. 지난 버블 붕괴 당시 사막과 늪지대에 지어졌다 버려진 텅 빈 타운하우스 단지들을 기억하는 미국인들은 그 학습효과 때문이라도 아직까지는 그런 과열 양상은 전혀 보이지 않고 있다.

그리고 이는 미국 가계부채 통계에도 그대로 잡혀 있다. 집값의 80%를 대출하는 관행은 여전하지만 가계부채는 계속 줄고 있다. 예전같이 닥치는 대로 모기지를 일으켜 이런 텅 빈 타운하우스에 투자하는 사람이 없기 때문이다.

미국의 신규나 기존주택 판매건수를 보아도 마찬가지다. 신규나

미국 신규주택 판매건수

단위: 천 호

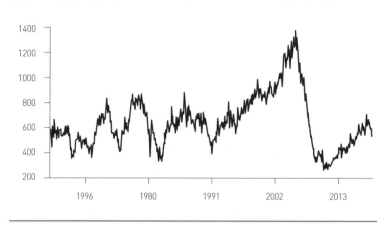

출처: TradingEconomics.com

미국 기존주택 판매건수

단위: 천 호

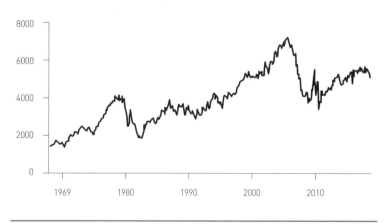

출처: TradingEconomics.com

기존주택이나 모두 그래프의 끝자락인 최근 수치를 보면 약간 꺾인 것을 볼 수 있으나 이 정도의 조정을 대세하락이라고는 볼 수 없다. 버블 이전인 2000년대 초반 수준에서 조금씩 등락을 보일 뿐이다. 미국의 미분양주택 상황은 더욱 낙관적이다. 우리나라, 특히 서울처럼 미분양주택이 제로에 가까운 상황은 아니지만 판매용 주택이나 임대용 주택(기업임대주택 시장이 발달한 미국은 애초에 통으로 짓는 임대용 단지가 많다) 이나 모두 공실률이 금융위기 당시의 절반 이하로 내려가 있다.

버블도 폭락도 없던 2000년대 초반으로 돌아가다

미국의 각종 부동산 관련 지표들을 보면 공통점이 하나 있다. 바로 미분양주택이든 주택 착공실적이든 인허가 수치든 주택판매수든 주택담보대출 연체율이든 GDP 대비 가계부채 비중이든 모두 하나같이 주택시장이 평온함을 유지하던 2000년대 초반 수치 그대로 돌아가 있다. 15% 이상 늘어난 인구와(2003년 2억 9,000만명, 현재 3억 3,000만명) 가구수 증가(2003년 1억 1,000만 가구, 2017년 1억 2,600만 가구)를 고려하면 최근 수년간 미국의 주택관련 통계는 전혀 과열의 조짐이 없다.

2000년 초반 당시는 부동산 버블에 대한 이야기가 나오지도 않았고, 오히려 닷컴 버블 붕괴 이후 경기하락을 막기 위해 앨런 그린스펀 당시 연준 의장이 급격한 금리 인하를 고민하던 시절이었다. 지금 모든 지표들이 금리 인하는 아직 시작도 안 했던 당시의 수치로 돌아간 것이다.

이것은 무엇을 의미하는 것일까? 현재 미국 부동산 시장이 이보다 좋을 수 없을 정도로 평온한 상태임을 의미한다. 급락도 없지만 과열도 없다. 흔히 말하는 골디락스 상태인 것이다.

부동산 관련 지표 중 2000년대 초반으로 돌아가지 않은 것이 딱 두 개 있다. 바로 부동산 가격지수와 가계부채 관련 지표 중 DSR이다. 먼저 부동산 가격지수는 두 배 정도 높은 수치다. 그렇다면 버블이 아닐까? 그 사이에 미국의 본원통화는 5배가 넘게 풀렸고 주가지수는 3배 이상 상승했다. 그렇기 때문에 더 올라야 한다는 주장은 너무 앞서 나간 것일 수 있으나, 적어도 이게 버블은 아니라는 또 하나의 반증이 된다.

더 중요한 것은 미국의 가계부채 데이터들이다. 앞서 제시한 그래프에서 GDP 대비 가계부채 비중 역시 2000년대 초반 수준으로 회귀했다. 그런데 요즘 우리에게도 친숙한 DSR, 즉 가계의 가처분소득에서 가계부채 상환이 차지하는 비율이 버블은커녕 '폭락기 수준'으로 떨어져 버렸다. 금융위기 직전에는 13%를 넘나들었지만 2000년대 초반에도 10%는 넘었던 미국의 DSR이 부동산 호황이라는 2018년 3분기에 10%선을 아래로 뚫으며 1980년대 이후 최저점을 기록한 것이다.

부동산 호황기에 DSR은 사상 최저점을 기록한다? 금융에 조금이라도 이해가 있는 사람이라면 얼핏 듣고 내가 반대로 들었나 고개를 갸웃거려야 할 상황이 지금 미국의 가계부채 상황이다. 반대로 지난 금융위기 당시 갚지도 못할 모기지와 집을 두고 야반도주하는 상황을 미국의 일반인들이 얼마나 뼈저리게 기억하고 있는지에 대한 반증이기도 하다. 지금 미국의 일반 시민들은 닥치는 대로 90% 이상, 아니 100%, 110%의 LTV로 주택담보대출을 받아서 외곽의 텅

미국 가계 DSR 추이

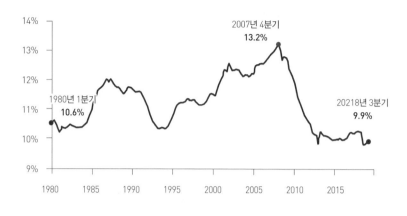

- 2007년 4분기 13.2%
- 1980년 1분기 10.6%
- 20218년 3분기 9.9%

출처: JP모건

빈 타운하우스를 구입하는 일은 일절 안 하고 있다. 아마도 두 세대
는 지나야 이 아픈 기억에서 벗어나 다시 그런 광풍이 불 수 있지 않
을까.

지금 미국의 주택 구매자들은 지극히 보수적인 입장을 취하고 있
다. 물론 미국의 주택구입 관행 상 보수적이라는 말은 '주택 구입자
의 50% 이상이 LTV 80% 이상으로 주택담보대출을 받는다'는 말이
긴 하다. 하지만 이들은 이를 넘어선 무차별적인 투자주택에 대한 대
출은 자제하고 있다.

이게 아니면 이렇듯 6년 넘게 이어지는 부동산 호황기에 가계대출
DSR이 꾸준히 그리고 극적으로 낮아지고, GDP 대비 가계부채 비중
이 줄고 있는 상황을 설명할 길이 없다. 여전히 미국 부동산이 과열

되었고 이제 끝물이라고 믿고 싶은가?

물론 미국을 제외한 글로벌 부동산 시장에 부침은 있다. 하지만 영국 부동산 시장의 하락은 브렉시트 때문에 금융기관이 파리로 옮겼기 때문이다. 침체에 빠진 런던의 부동산 시장과는 달리 파리 부동산은 잘나간다는 말이 부족해 고삐 풀린 망아지 소리를 들을 정도로 과열되고 있다.

홍콩이나 호주를 한번 보자. 본토 중국인들이 밀어 올린 홍콩 부동산 시장은 현재 중국정부가 자본 유출을 막으면서 하락세를 보였다. 28년째 호황기인 호주 부동산은 이 호황에 편승하려는 중국인 투자자들이 늘며 부동산가격이 경기상승 이상으로 폭등하자 외국인 투자자에 대한 규제책을 내놓으면서 정부가 속도 조절을 하고 있다. 하지만 올랐든 내렸든 이 모두 글로벌 경제나 우리와는 상관없는 국지적 현상들일 뿐이다.

경기는 둔화되고 있지만 그게 폭락한다는 의미는 아니다. 버블과 폭락이라는 이분법으로 세상을 보지는 말자. 자산 시장에는 폭등과 폭락의 시기도 물론 있지만 보합세, 횡보장, 완만한 상승세 혹은 완만한 하락세라고 이름 붙일 시기가 더 많고 이 시기에는 자산의 세부 카테고리 별로 등락을 달리한다.

폭등장세는 지났지만 2019년은 큰 글로벌 이벤트 없이 무난히 지나가는 한 해가 될 것이다. 이미 2018년 11월 중간선거를 무사히 넘긴 트럼프와 미공화당은 중간선거가 끝나자마자 중국에 자동차 관세 축소 및 철폐 합의를 하는 등 유화 제스처를 보인 바 있다. 보호무역에 대한 우려가 커지고 있고, 장기적인 추세로 보면 1970년대 이후

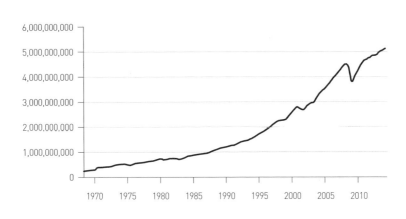

단위: 천 달러

출처: 미국 연준 FRED

급속히 퍼졌던 자유무역의 물결은 50년이 지난 지금 그 수명을 다해 가고 있다.

하지만 이게 바로 단기간의 급락을 의미하는 것은 아니다. 전 세계 교역량은 2000년대 초반 닷컴 버블 붕괴와 2008년 금융위기 직후 상당히 큰 폭으로 줄어들었던 적이 있었지만, 현재는 증가세가 조금 꺾이긴 했으나 여전히 장기평균 수준(5.1%)보다 조금 낮은 연 3% 이상씩 증가하고 있다.

경기둔화를 날려버릴
미국의 히든카드

2018년 2월, 많은 미국인들이 고대하던 트럼프의 인프라 투자 윤곽이 나왔다. 대선 당시 들고 나왔던 1조 달러에서 무려 50% 증가한 1조 5,000억 달러를 앞으로 10년 동안 미국의 전 인프라분야(도로, 교량, 댐)뿐 아니라 통신망 등에 투자하겠다는 계획이다. 총 1조 5,000억 달러 중 2,000억 달러, 그러니까 우리 돈 1,700조 원의 총 예산 중 약 230조 원 정도는 연방정부 예산으로 직접 투자하겠다고 한다. 남은 비용은 주정부와 민간기업의 투자 등으로 충당하는 것이다.

이 숫자에 너무 집착하지는 말자. 어차피 전직 부동산 사업가가 사람들의 이목을 집중시키기 위해 최대한 단순한 숫자를 제시한 것이다. 부동산 개발사업의 금언 중 "언제나 비용은 더 들고 기간은 늘어난다"란 말도 있다. 초기에 제시하는 숫자는 대중과의 커뮤니케이션용일 뿐이다. 중요한 건 '하긴 하는 것이냐'와 '언제 시작하냐'는 것이다.

미국 인프라 투자 추이

단위: 10억 달러

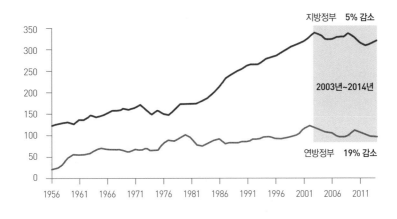

지방정부 5% 감소

2003년~2014년

연방정부 19% 감소

출처: 미하원 예산국

1,000조 원이 들든 1,500조 원이 들든 미국의 공공인프라 사업은 반드시 해야 하는 국책사업이다. 우리나라 4대강 같은 논란의 여지가 전혀 없다. 그렇기 때문에 대선 당시에는 이 공약에 대해 날 선 대립각을 펼쳤던 미국 민주당도 이 인프라 플랜에 대해 군소리 없이 동의하는 모습을 보였다. 잘못하다간 매국노로 찍힐 수도 있기 때문이다. 오랜 기간, 특히 민주당 정권에 의해 천대받았던 이 미국의 공공인프라 분야에 대한 이슈가 민주당의 오랜 지지기반이었던 중서부 중산층들을 대거 트럼프와 공화당으로 갈아타게 만든 배경이다.

미국의 IT 재벌들은 전 세계에 위성과 드론을 띄워 무료로 인터넷을 제공한다는 환상적인 청사진으로 언론을 장식하지만, 정작 이들의 조국인 미국은 21세기 들어 공공인프라에 쓰는 비용을 지속적으로 줄이고 있다. 그것도 무료인터넷 같은 최첨단 분야가 아닌 수도나 도로, 교량 같은 지극히 기초적인 분야에서 미국의 공공인프라는 매우 낙후된 형편이다.

최근 10여 년간 가뜩이나 줄고 있는 미국의 이 공공인프라 예산은 대부분 급속히 낡아가는 시설을 유지 보수하는 데 쓰이고 있고 신규 시설 투자는 거의 못하고 있다.

그 결과 나온 것이 보기에도 참담한 도로와 교량, 댐 등의 상태이다. 2017년 미국 토목공학회는 9만 개가 넘는 미국 댐의 평균 안전도를 D등급으로 발표했다. 미국의 공공인프라 전체에 대해서는 D+등급을 매겼는데, 발표자료에 따르면 D+등급은 무너질 위험이 상당히 높은 등급이다. 댐은 이보다도 한 단계 아래인 D등급이다. 이런 까닭에 2017년 2월, 캘리포니아 주민 20만 명은 긴급 대피를 해야 했다. 비가 많이 오자 지은 지 49년된 오로빌댐의 붕괴위험이 높아졌기 때문이다.

미국 도로는 평균적으로 지어진 지 50년이 넘었고, 댐은 56년에 달한다. 미국의 주요 공공인프라는 지어진 지 대충 50년 내외라고 보면 맞다. 그 이유는 제2차 세계대전이 끝나고 일본과 독일 등이 아직 산업시설을 복구하기 전인 1950~1960년대가 미국이 전 세계의 산업생산을 독점하던 황금기였고, 미국의 현재 모습을 만들었다고 해도 과언이 아닌 주간 고속도로Inter-state Highway를 비롯한 대부분의 미국 주요시설들이 돈이 넘쳐나던 이 시기에 집중적으로 지어졌기 때문이다. 그 이후 경제 부침을 겪으며 서서히 방치되다가 반백년이 지나더 이상 두고 볼 수 없는 지경에 이르러 다시금 정치권의 관심을 받는 것이다.

이제는 하느냐 마느냐를 따질 수 있는 상황이 아니다. 가만히 놔두면 계속 허물어져가는 인프라스트럭처의 특성 상 뒤로 미루면 미룰수록 비용은 더 늘어간다. 지금은 1조 5,000억 달러 예산을 잡아놓았지만 미국 토목공학회는 2025년까지 미룰 경우 비용이 무려 4조 5,000억 달러로 늘어날 것으로 추산했다. 물론 이 사업이 밥그릇인 토목공학회의 계산을 액면 그대로 믿는 것은 무리가 있지만 트럼프가 잡은 1조 5,000억 달러도 어차피 하다 보면 더 늘어날 것이다. 부동산 개발이든 토목공사든 진행하다 보면 모두 비용은 더 들고 기간은 늘어나기 마련이다.

정치적으로도 이 사업은 안 할 수가 없다. 민주당 정부에서 이 이슈를 외면하다 결국 정권을 잃고 말았다. 이 빈틈을 파고들어 당선된 트럼프가 똑 같은 실수를 되풀이하면 결국 같은 전철을 밟을 것이다. 따라서 2020년 대선 전에는 반드시 가시적인 모습이 나와야 한다.

그렇다면 이런 중요한 문제를 두고 2016년에 집권한 트럼프가 지난 2년 반 동안 뭐하다 뒤늦게 투자계획을 발표했을까? 토목공학회의 계산을 반만 믿어도 1년이 지체될 때마다 천문학적인 비용이 늘어나는데 하루빨리 추진하지 않고 왜 기껏 중국이나 패고 있었단 말인가?

정치적으로나 실질적으로나 반드시 해야 하고 할 수밖에 없는 사업이지만, 2017~2018년은 이 사업을 추진하면 절대 안 되는 시기였다. 이건 20세기 초반 대공황 시기에 케인지언들이 정부의 재정지출을 늘려 공공사업을 확대해 대공황을 극복하려고 했던 뉴딜 정책의 판박이이기 때문이다.

이런 '뉴딜 정책 시즌2'를 2016~2018년처럼 미국 경제가 최고의 호황을 누리는 시점에 추진하는 것은 불에 기름을 퍼 붓는 격이다. 가뜩이나 연준이 경기가 좋아진다며 금리를 정상화하는 마당에 말이다.

미국은 이미 이 공공인프라 개선사업을 할 최적의 시기를 놓쳤다. 전 세계가 미국발 금융위기의 늪에 빠져 허우적거리고 디플레이션의 유령이 주요국 중앙은행장들의 밤잠을 설치게 했던 2010년 무렵이 이 사업을 시작할 최적기였다. 어차피 미국의 공공인프라는 대대적인 개보수와 신규투자가 필요한데 당시는 금융위기가 경제위기로 넘어가기 직전이라 넋이 반쯤 나간 버냉키가 헬리콥터에서 돈을 뿌려버리겠다는 발언을 앞뒤 없이 쏟아낼 때였다. 헬리콥터에서 돈을 뿌려야만 했다면 그 돈을 뿌릴 최적의 장소는 바로 미국의 무너져가는 공공인프라 분야였다.

하지만 미국은, 아니 오바마 대통령은 평소보다 5배 가까이 넘게 풀린 유동성을 꼭 필요한 분야인 중서부의 공공인프라에 투입하지 않고 고스란히 실리콘밸리의 머니 게임으로 돌렸다. 빌 클린턴의 닷컴 버블 이후 실리콘밸리는 월스트리트보다 더 많은 정치자금을 희사하는 민주당의 돈줄로 자리매김했기 때문이다.

클린턴 정부에 이어 오바마 정부 역시 이들 IT 기업이 원하는 취업비자를 늘리고, 불법이민자를 대거 눈감아 주고, 벤처기업에 대한 세제혜택을 강화하는 것으로도 모자라 이 넘쳐나는 유동성을 고스란히 IT업계로 몰아줘 SNS를 개발한 청년들이 재벌 반열에 오르게 해주었다.

　대가는 컸다. 친구들과 사진을 재미있게 공유해주는 서비스를 개발한 20대들이 자가용 비행기를 타고 하늘에서 파티를 벌이는 동안 중서부에서는 비만 오면 도로가 끊겨 고립되는 사람들이 늘어났고, 이들은 마침 유행이 된 SNS를 통해 세계 최강대국의 어두운 뒷모습을 주변인들과 공유했다.

　결과는 여러 차례의 지난 대선에서 빌 클린턴과 오바마를 지지했던 중서부의 중산층들이 대거 트럼프를 지지하는 모습으로 나타났다.

　트럼프는 지금 타이밍을 보고 있다. 1조 달러 인프라 투자 플랜을 앞세워 당선이 되었지만 당선 이후 현재까지 미국의 상황은 이런 대대적인 공공사업을 벌이면 안 되는 상황이었다. 상황이 나빠서 안 된다는 게 아니라 너무 좋기 때문에 안 된다는 것이다. 트럼프 입장에서도 굳이 무리하게 할 필요도 없다. 미국 역사상 가장 큰 인프라사업이라는 말까지 듣는 이런 대규모 공공사업을 경제가 이보다 더 좋을 수 없는 상황에서 꼭 할 필요가 있을까? 미룰수록 돈이 더 든다지만 어차피 돈은 하다 보면 더 들기 마련이다. 트럼프 입장에서 볼 때는 혹시 경기가 둔화되거나 위기가 왔을 때 보란 듯이 꺼내 들 수 있는 치트키가 바로 공공인프라 사업이다. 때문에 꼭 필요한 순간까지는 아껴두어야 한다.

　그리고 이 때가 점점 무르익고 있다. 미국의 경기둔화 얘기가 솔솔 나오고 있다. 그런데 정말 미국의 경기가 위기에 빠져들고 있을까? 나는 앞선 장에서 미래에 대한 기대에 따라 춤을 추는 주식시장과는 달리 아무리 여러 지표를 보아도 미국의 경제가 위기 국면에 접어든다는 신호는 찾아보기 힘들다고 밝혔다. 잘해야 경기가 둔화되는 정도인데 그건 지난 4~5년 간이 워낙 좋았기 때문에 당연히 오는 수순일 수 있다.

음모론 신봉자는 아니지만 최근 월스트리트의 몇몇 금융기관과 경제지를 중심으로 나오는 경기둔화 주장에 대해 최소한 한쪽 렌즈만큼은 색안경을 끼고 볼 수밖에 없는 상황이다. 2020년 대선을 앞두고 가시적인 모습을 보여주려면 아무리 늦어도 1년 전인 2019년 내로는 최소한 계획이라도 나와야 한다. 그래야 1~2년 동안 마스터플랜을 만들고 기본 설계에 실시 설계까지 해서 간신히 대선 전에 시범사업 삽이라도 뜰 수 있는 것이다.

지금처럼 경기가 활황인데 1,700조 원이 드는 공공사업에 착수한다고 발표하면 당장에도 트럼프를 못 잡아 먹어 안달인 CNN에서는 이 떡밥을 덜컥 물고 신자유주의 진영의 경제학자들을 대거 출연시켜 트럼프의 무식을 비웃을 것이다. 트럼프도 가뜩이나 자신을 못 씹어서 이빨이 들썩들썩 거리는 이들에게 굳이 안 줘도 될 떡밥을 던져줄 필요가 있을까? 그렇기에 2016년에 집권했지만 그 계획의 윤곽이 나오는 데만 1년 반이 걸렸다. 굳이 서두를 이유가 없었기 때문이다.

하지만 트럼프는 이 사업을 더 이상 늦출 수가 없다. 자신의 정치적 생명이 달린 문제이기 때문이다. 2018년 2월 계획이 발표되고 이미 500건 이상의 프로젝트가 트럼프 대통령에게 직접 보고되었다. 2020년 대선 스케줄에 맞춰 이제 차근차근 진행될 것이다.

여기서 모든 사람들이 우려하는 금리 얘기를 안 할 수가 없다. 미국의 금리 정상화와는 별개로 한국은 2017년에 한 번, 2018년에 또

미국 연방자금금리 추이 및 예상치

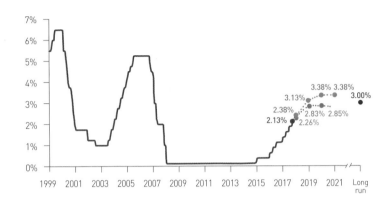

미국 연방자금금리 ——   FOMC 예상치 ···●···   시장 예상치 ···●···   FOMC 장기예측치 ●

출처: JP모건

한 번 모두 2번에 걸쳐 금리를 올렸다. 모두 경제보다는 정치적인 의사결정이었다.

한국의 금리인상은 여기서 끝이다. 전혀 다른 상황인 미국의 금리 상승을 핑계로 억지로라도 두 번 올렸지만 이제 미국의 금리 상승 역시 막바지에 접어들었기 때문이다.

미국 금리는 이제 '중립금리Neutral Rate'라는 3% 초반 대에 가까워지고 있다. 이 중립금리가 2.75%냐 3.5%냐에 따라 상황은 매우 달라지지만 현재 연준은 중립금리에 가까워졌다는 시그널을 보내고 있다. 실제 중립금리에 가까워지기도 했지만 가장 큰 이유는 역시 트럼프다.

본능적으로 저금리를 선호할 수밖에 없는 부동산개발업자이기도 하지만 이제 엄청난 국채를 발행해야 하는 공공인프라사업을 시작해야 하는 시기가 다가온 것이다. 앞서 제시했던 미국 정부의 재정적자 현황 자료를 기억하는가? 미국의 정부지출 중 가장 큰 폭으로 증가한 것이 바로 국채이자항목인데 이제 그 국채가 더 늘어나야 하는 상황이다.

금리가 오르면 주식이나 부동산이 떨어진다는 단순논리로 세상이 돌아가지는 않는다. 누구나 신문 기사 몇 개만 읽어보면 다 아는 그런 상식으로만 돌아가면 세상이 얼마나 살기 쉽고 편하겠는가. 지난 4년간 미국의 금리는 지속적으로 올랐고 부동산은 꾸준히 우상향했다. 미국이 금리를 올리고 한미 간의 금리차가 역전되면 외국인 투자자들이 빠져나갈 것이라고 했지만 2018년 한국 채권시장에서 외국인들의 투자는 더 늘었다.

경제지표는 그 원인과 결과가 이렇듯 1대1 매칭이 아니라 복합적으로 서로 얽혀 굴러간다. 금리 상승기에도 미국 부동산은 꾸준히 올랐는데 이제 금리상승이 끝물이라는 시그널이 시장에 퍼진다면 어떻게 될까? 게다가 그 말도 많고 탈도 많은 공공인프라 투자를 드디어 개시해 이제 막 양적 완화가 종료된 미국시장에 또 다시 천문학적인 돈이 풀린다면 말이다.

2019년 많아야 두 번 정도 오를 미국의 정책금리는 앞으로도 한동안 3% 초반인 중립금리를 넘지 않을 것이다. 이유는 물가상승률이 여전히 연준의 목표인 2% 아래 수준이고 실제 인프라 투자금이 풀려 경기가 과열되는 건 앞으로 수년 후의 일이기 때문이다. 그때가 되면 연준은 다시 금리를 올려 경기과열을 막으려 할 것인데, 적극적 투자자들은 다시 한 번 벌어질 다음 파티를 최대한 즐기다 늦기 전에 빠져 나와야 한다.

집값의 실체,
도대체 어딜 사란 말인가

한국 집값은 싼가 비싼가

여기서 한 가지 지겨울 정도로 반복되는 논쟁을 한번 짚고 넘어가 보도록 하자. 바로 '한국의 집값이 싼가 비싼가'다. 아무리 경제가 좋더라도 고평가된 자산에 투자하는 것은 피해야 할 것이고 경기가 안 좋더라도 저평가된 자산이 있다면 장기적인 관점에서 투자하는 것이 바람직하지 않겠는가. 결론부터 말하자면 한국 집값은 한국의 경제수준과 소득수준, 인구밀도와 개발가능한 주변 토지 등을 고려하면 싼 편이다. 그런데 한국 집값이 싼 이유는 엉뚱한 데 있다. 바로 품질이 열악하기 때문이다.

최근 한국 집값에 대한 논쟁에 일부 글로벌 지표들이 가세했다. 감이니 심리니 따지지 않고 객관적인 지표에 근거해서, 특히나 해외 주요국들의 사례와 비교해 우리나라 부동산의 위치를 입체적으로 파악하려는 이런 시도는 매우 바람직한 것이다. 문제는 숫자로 써 있다고 해서 마냥 객관적인 지표라 믿고 그 지표의 의미와 해석도 모른

채 무작정 가져다가 아전인수 격으로 해석하는 경우가 왕왕 있다는 것이다.

대표적인 예가 최근 각광받고 있는 PIR_{Price to Income Ratio} 같은 지표들이다. 한국에서 흔히 PIR이라고 불리는 이 지표는 곧 소득대비 주택가격 비율_{House Price to Income Ratio}을 말한다. 계산은 간단하다. 주택 가격을 소득으로 나눈 수치로 보통 평균 집값을 평균 소득으로 나누어 계산하며, 그렇다 보니 흔히들 '몇 년 벌어서 집 한 채 살 수 있다'는 식으로 설명이 가능하다.

최근 국토교통부 발표에 따르면 2017년 한국의 PIR은 5.6, 즉 평균적으로 5.6년간 일한 돈을 한 푼도 안 쓰고 모아야 평균적인 집 한 채 살 수 있다는 것이다. 수도권의 PIR은 6.7이다. PIR이 5.6이라는 얘기는 대충 생활비 쓸 거 쓰고 아껴 모아도 10년 이상 걸려야 평균적인 집 한 채 산다는 이야기일 것이다. 하지만 우리는 이 정도 계산으로는 만족하지 않는다. 국제 비교를 통해, 더 자세히는 선진국과의 비교를 통해 우리가 잘살고 있는 것인지 확인해야 한다. 그래서인지 우리나라에서는 대외경제정책연구원 같은 국책연구기관에서 이 PIR을 국제적으로 비교해 발표하기에 이르렀다.

대외경제정책연구원에서 2018년에 발표한 연구자료를 보자. 세계 주요도시들의 PIR을 계산해 비교하면서 보고서 서두와 보도자료에 친절하게도 "서울은 LA나 뉴욕 등보다도 PIR이 높아 주택 버블 가능성이 높다"고 경고했다. 이 자료를 보도하는 언론사 중에는 "중산층, 13년 몽땅 모아도 서울집 못산다", "강남아파트 사는 데 66년 걸린다"는 제목의 기사를 내놓은 곳도 있었다. 그렇다면 한국, 특히 서울 집

주요 도시들의 PIR

도시명	PRI(배수)	주택가격(달러)
홍콩	19.4	804,960
베이징(중국)	17.1	358,960
상하이(중국)	16.4	326,466
시드니(호주)	12.9	918,528
벤쿠버(캐나다)	12.6	741,840
서울(한국)	11.2	509,185
LA(미국)	9.4	509,185
오클랜드(뉴질랜드)	8.8	602,424
런던(영국)	8.5	620,420
뉴욕(미국)	5.7	419,100
더블린(아일랜드)	4.8	354,000
도쿄(일본)	4.8	289,354
싱가포르	4.8	306,138

출처: 대외경제정책연구원

값은 폭발 직전의 시한폭탄 같은 것이 아닌가? 이런 '객관적' 글로벌 수치를 보니 말이다.

사실 이 주택 PIR이라는 수치가 이토록 한국에서 각광을 받는 것을 보고 처음에는 매우 의아스러웠다. 한국의 집값이라는 민감한 이슈에 대해 누군가가 무언가 글로벌하게 비교할 만한 수치를 찾고 찾다 보니 어디선가 PIR이라는 수치를 들고 나온 것이다. 그렇다면 미국의 부동산 전문가들에게 이 PIR을 한번 물어보자. 그게 무엇인지 설명을 해준 후에도 주요국의 PIR을 줄줄 꿰고 있는 전문가를 만나기란 쉽지 않을 것이다. 이는 마치 1970년대 한국의 군사정부에서 국민들에게 수치화된 목표를 제시하기 위해 경제학에서 쓰는 여러 지표 중 1인당 국민소득을 들고 나와 1,000불 2,000불 식의 이정표를 제시한 것과 같다. 이후로 우리나라는 전국민이 세계 주요국의 국민소득을 달달 외우고 있다. 반대로 미국이나 유럽 선진국의 대학생 하나를 불러다 "너네 일인당 국민소득이 얼마니?" 하고 물어보면 제대로 대답하는 학생을 찾기 어려울 것이다.

실제 미국의 부동산 전문가들이 이 PIR에 관심이 없는 이유는 별다른 게 아니다. 별 의미도 없고 도움되는 인사이트를 얻을 수 있는 지표가 아니기 때문이다. 돈 되는 정보라면 당연히 달달 외우고 있지 않겠는가. 이 PIR은 국제적인 비교가 전혀 불가능한 지표다. 주요 선진국들과 한국의 PIR을 비교해보면 한국의 PIR이 당연히 높게 나온다. 그렇다면 이게 한국의 부동산이 버블일 수 있다는 근거일까?

선진국의 PIR이 낮은 이유 중 하나는 이 PIR에 엥겔계수와 유사한 속성이 들어있기 때문이다. 엥겔계수는 가정의 소비지출 중 식품이 차지하는 비중을 말한다. 아무리 가난해도 최소한 먹고는 살아야 하기 때문에 가난한 가정일수록 소비 지출 중 식품이 차지하는 비중이 높을 수밖에 없다. 필수 중의 필수품이기 때문이다. 따라서 부유층은 엥겔계수가 낮고 서민층은 엥겔계수가 높다.

무슨 말을 하려는지 감이 팍 오지 않는가? PIR은 부동산의 엥겔계수다. 의식주라는 말이 있지 않은가. 아무리 가난한 국가도 사람들이 밥은 먹어야 하고 들어가 살 집은 있어야 한다. 따라서 가난한 나라일수록 엥겔계수와 PIR이 높을 수밖에 없다. 가족들이 살 집은 마련해야 하니까 말이다. 잠시 뒤에 소개할 OECD의 'Better Life Index'에서도 소득, 환경, 교육, 취업 등 다양한 카테고리 중 가장 먼저 나오는 것이 주택이다. 그만큼 주택, 즉 부동산은 인간 생존에 필수적인 요소다.

그간의 국제비교에서 한국의 PIR이 높게 나올 수밖에 없는 이유는 바로 우리가 늘 선진국하고만 비교를 하기 때문이다. 금융기관이나 경제연구원 등에서 연구보고서를 낼 때는 OECD의 자료를 많이 참조하는데, 선진국 클럽인 OECD 국가 중에서는 우리나라가 소득이 낮은 축에 들기 때문에 여기서 가져온 데이터로 분석을 하면 당연히 한국의 PIR이 높아 보일 수밖에 없다. 제대로 비교를 하려면 미국, 호주, 영국, 프랑스 외에 태국이나 필리핀, 베트남 같은 우리보다 못사는 나라들의 PIR도 쭉 나열해 놓아야 한다. 이들의 PIR은 당연히 우리보다 높을 수밖에 없다. 부동산의 엥겔계수이니 말이다. 1인당 국민소득이 우리나라의 1/10도 안 되는 국가들도 수도에서 우리가 살 만한 신축 아파트를 알아보면 평당 2,000만 원을 호가하는 곳이 많다. 그렇다면 전 세계에서 가장 PIR이 높은 나라는 어디일까?

서울의 PIR이 11이 넘으니 국책연구원에서 버블이라고 경고를 하는 판에 파푸아뉴기니의 PIR은 무려 181.6에 달한다. 즉 180년을 안 쓰고 모아야 집 한 채를 산다. 영국의 보험사인 타워게이트 사가 전 세계 도시를 대상으로 계산한 결과다. OECD 등에서도 PIR 집계를 하나 앞서 말한 대로 OECD회원국만을 대상으로 하기 때문에 PIR

의 엥겔계수 속성을 확인할 수 있는 후진국 사례는 제공하지 않는다. 파푸아뉴기니는 너무 극단적인 사례가 아니냐고? 콩고의 PIR은 153, 바르바도스는 133에 달한다. 카메룬은 98, 언제부터인가 우리에게 친숙해진 감비아의 PIR은 87이다.

사실 이쯤 되면 구체적인 수치는 의미가 없다. 그냥 아주 높다라고 이해하면 된다. 이런 극단적인 PIR은 대개 아프리카나 중남미의 극빈국들에 해당한다. 이들 나라는 그냥 100년 동안 안 쓰고 모아야 집 한 채를 산다고 보면 된다. 그렇기에 대부분 집이 없거나 이런 통계에서 집이라고 잡기도 힘든 움막 같은 곳

한국보다 PIR이 높은 국가 예시

국가	PIR
파푸아뉴기니	181.6
콩고	153.1
감비아	87.6
우간다	59.4
세네갈	53.6
베트남	40.8
네팔	26.1
이란	25.9
루마니아	24.9
이탈리아	21.8
포르투갈	19.4
스리랑카	19.4
한국	17.1

※대외경제정책연구원은 한국의 소득으로 5분위 중 3분위 평균을 사용한 반면 이 자료에서는 GNI를 기준으로 한국의 PIR이 17로 계산되었다.

출처: 타워게이트

에 산다. 그렇다면 우리에게 조금 더 현실적으로 다가오는 후진국들의 PIR은 어떨까? 베트남의 PIR은 41이다. 미얀마는 31, 인도네시아는 29이고 필리핀은 27 정도로 동남아시아의 저개발국들은 안 쓰고 모아서 집 사는데 보통 30~40년이 걸리는 게 보통이다. 한국의 PIR을 따지면서 미국, 영국 수치를 들고 와 이런 나라들보다 한국의 PIR

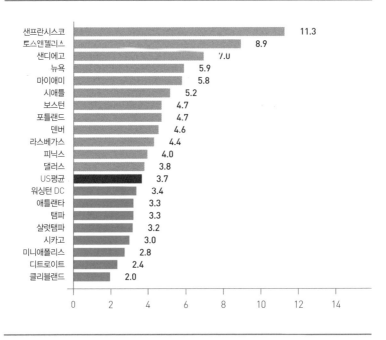

미국 주요 도시별 PIR

단위: 년

샌프란시스코	11.3
로스앤젤레스	8.9
샌디에고	7.0
뉴욕	5.9
마이애미	5.8
시애틀	5.2
보스턴	4.7
포틀랜드	4.7
덴버	4.6
라스베가스	4.4
피닉스	4.0
댈러스	3.8
US평균	3.7
워싱턴 DC	3.4
애틀랜타	3.3
탬파	3.3
샬럿탬파	3.2
시카고	3.0
미니애폴리스	2.8
디트로이트	2.4
클리블랜드	2.0

출처: bankingstrategist.com

이 높으니까 거품이다 이러고 따질 일이 아니라는 것이다. 대개 국민소득이 낮으면 PIR이 높고 국민소득이 높으면 PIR은 낮다. 서울의 PIR이 뉴욕이나 런던보다 높은 것은 버블이 아니라 당연한 일이다.

이 PIR이 별 의미 없이 참고만 하고 넘어가는 수준의 지표인 이유는 또 있다. 기본적으로 엥겔계수의 속성을 갖기 때문에 국제적인 단순 비교도 어불성설이지만, 같은 나라 안에서도 도시 별로 경제여건이나 수요공급뿐 아니라 지방정부의 규제환경에 따라서 이 PIR이 천차만별이기 때문이다.

미국 주요도시의 PIR을 계산한 것을 보자. 미국의 평균 PIR은 3.7이다. 즉 평균적으로 3.7년을 안 쓰고 모으면 집 한 채를 살 수 있다. 한국의 5.6에 비하면 한결 나은 것처럼 보인다. 그런데 이는 말 그대로 머리는 전자레인지에 넣고 다리는 냉장고에 넣은 채 평균 체온을 잰 것이나 마찬가지다. 샌프란시스코는 무려 11.7년이 걸리는 반면 클리블랜드는 2년이면 된다. 이게 도대체 무슨 말일까? 이걸 보고 같은 미국 안에서도 샌프란시스코는 버블이라 곧 거품이 꺼질 것이고 클리블랜드는 저평가되었으니 샌프란시스코를 팔고 클리블랜드를 사야 한다고 주장할 수 있을까? 증권맨들이 좋아하는 'Long & Short 전략'을 쓸 수 있는 교과서적인 사례로 보이지 않을까? 여기서 Long & Short 전략은 쉽게 말해 고평가된 자산은 팔고$_{short}$, 저평가된 자산은 사는$_{long}$ 투자를 말한다.

이를 보고 샌프란시스코는 실리콘밸리가 있어 소득 수준이 높고 사람들이 살고 싶어하니 당연히 집값이 높을 수밖에 없고, 클리블랜드나 미니애폴리스 같은 중서부 도시들은 수요가 없고 소득수준이 낮으니 집값이 싼 게 당연하다고 할 수도 있다. 실제 미국의 평균적인 집값은 약 30만 달러 정도지만 샌프란시스코의 평균 집값은 150만 달러 이상이다.

하지만 헷갈리지 말자. 여기서 말하는 것은 단순 집값의 비교가 아닌 PIR, 즉 소득대비 집값비율이다. 소득수준이 높기 때문에 집값이 높다면 이 PIR에는 변동이 없어야 한다. 클리블랜드가 소득이 낮지만 집값도 낮다면 역시 PIR은 샌프란시스코나 별 차이가 없어야 한다. 그런데 이 두 도시의 PIR은 6배 가까이 차이가 난다. 도대체 무슨 이유일까?

샌프란시스코의 집값이 높은 이유는 높은 소득수준과 미 전역에서 몰려드는 수요라고 알고 있지만 여기에는 중요한 요소가 하나 빠져 있다. 바로 미국에서 가장 높은 수준의 부동산 규제정책이다. 보다 정확히는 미국에서 환경과 건설관련 규제가 가장 강한 곳 중 하나가 샌프란시스코다. 샌프란시스코는 언덕으로 이루어져 있고 주변은 모두 바다로 둘러싸여 있다. 금문교 너머 혹성탈출의 침팬지들이 살던 숲뿐 아니라 도시 주변은 모두 자연환경이 빼어난 보호림이다. 여기에 일찍이 히피들이 몰려들며 반전과 자유를 외치던 도시 분위기상 환경보호에 대한 관심이 미국 내에서도 남다른 곳이기도 하다. 이런 자연, 사회적인 제약조건들이 모두 한 데 어우러져 미국에서도 신규 주택을 공급하기 가장 어려운 건설 규제환경을 만들었다.

실리콘밸리와 전봇대, 뭔가 잘 어울리지 않는 조합일 것이다. 하늘에서 지상으로 와이파이를 뻥뻥 쏘겠다는 구글과 페이스북이 자리잡고, 구글 버스가 하루 종일 샌프란시스코 구도심과 마운틴 뷰 사이를 오가며 IT 신흥재벌들을 출퇴근시키는 이 도시에 전차와 함께 빼놓을 수 없는 것이 바로 전봇대다. 특히 저소득층이 사는 동네를 중심으로 흉물스럽게 자리를 잡고 있다. 세계 최강대국인 미국, 그것도 IT의 심장부인 샌프란시스코에서 땅 속 관로를 통해 전선과 통신선을 해결하지 않고 후진국들처럼 전봇대에 전선을 주렁주렁 매다는 이유는 다름 아닌 규제 때문이다.

이 동네에서는 사업자들이 땅을 파는 허가를 받고 관로를 매설하

고 이를 다시 환경에 해를 안 미치고 잘 덮었다는 확인까지 다 받으려면 기간과 비용뿐 아니라 그 절차가 너무 복잡해 그냥 전봇대를 세우고 만다. 여기에 더해 샌프란시스코 언덕은 대부분 암반이 깊게 자리잡고 있어 땅을 파고 이 암반 잔해를 처리하는 데도 비용이 너무 많이 든다. 내가 얼마 전 미국의 한 투자은행으로부터 참여 요청을 받아 잠시 검토했던 샌프란시스코 초고속인터넷망 사업에서 가장 이슈가 된 부분도 바로 이 땅파기 공사였다. 땅 파는 비용은 어느 나라든 생각보다 돈이 많이 든다. 더구나 샌프란시스코처럼 파서 뭐가 나올지도 모르고 거기에 따라 다 판 후에는 이걸로 밥 먹고 사는 각종 환경단체와 지방정부의 감시까지 받아가며 원상회복까지 하기에는 규제 리스크가 너무 컸다. 총비용이 쉽게 가늠되지 않는 것이다. 규제환경을 보다 보니 오죽하면 태평양 건너 나한테까지 전화가 왔을까 싶었다.

그렇기 때문에 샌프란시스코에서는 늘 주택 공급이 부족하다. 암반과 규제를 벗어나 주변으로 피해가려 해도 베이(만) 지역이라는 별칭답게 주변은 전부 바다 아니면 부동산개발업자가 봐도 너무 아름다운 자연풍경뿐이다. 이런 정부와 자연의 규제 때문에 샌프란시스코의 PIR(집값도 물론 미국 최고 수준이지만 집값 자체를 말하는 게 아니다)은 미국에서 가장 높을 수밖에 없다. 대충 감이 오겠지만 한국, 특히 서울의 부동산 환경은 샌프란시스코와 매우 유사하다. 산업이 잘 발달한 거점도시로 인구밀도가 매우 높고 각지에서 사람들이 꾸준히 유입이 되나, 도시를 둘러싼 자연환경 때문에 개발할 수 있는 여지가 상대적으로 적고(미국의 중서부나 남부의 도시들과 비교할 때), 무엇보다 그 목적은 다르나 결과는 유사한 '정부 규제가 매우 심하다'는 것이다. 이 두 도시가 유사한 PIR수치를 보이는 것은 우연이 아니다.

반면 PIR이 가장 낮은 도시들은 대개 미국의 중서부와 남부에 자리잡고 있다. 마침 내가 학교를 다닌 두 지역들이다. PIR 그래프 하단에 위치하긴 했지만 클리블랜드나 샬롯, 애틀랜타, 탬파 등은 모두 미국 중산층들이 선호하는 살기 좋은 주거지들이다. 그리고 '천조국'이라는 별칭답게 대부분의 주들에는 우리나라 10대 그룹 규모 이상의 기업체들이 요소요소에 자리잡고 있다.

이들 도시들의 PIR(다시 말하지만 집값이 아니라 소득대비 집값의 비율이다)이 낮은 이유를 꼽는다면, 이들은 대개 건설 관련 규제가 약한 지역들이다. 중서부나 남부의 도시들은 주변에 개발할 여지가 많고 샌프란시스코처럼 암반 위에 있는 경우가 별로 없다. 더구나 환경운동이 활발한 곳도 아니다.

특히나 남부는 부동산개발에 매우 우호적인 동네다. 잘사는 대도시는 PIR이 높고 중소도시는 낮을 것이라는 것 역시 편견이다. PIR이 3.0으로 매우 낮은 시카고는 서부의 샌프란시스코, 동부의 뉴욕과 같은 위상을 갖고 있는 중부 거점도시로 중서부의 상징인 제조업뿐만 아니라 금융의 메카이기도 하다. 중서부의 곡물과 육류의 안정적인 거래를 위해 선물거래를 처음 도입한 시카고는 최근 비트코인 선물거래를 개시한 시카고옵션거래소CBOE와 시카고상품거래소CME를 기반으로 하는 파생상품 거래의 본좌이지만, PIR은 샌프란시스코의 1/4에 불과한 3.0에 그친다. 남부 거점도시이자 CNN과 코카콜라 본사가 위치한 애틀랜타 역시 3.7에 불과하고 이는 미니애폴리스 등 산업이 발달한 다른 지역 거점 대도시 역시 마찬가지이다.

과거 군사정권 하에서 한국의 초등학생들이 각국의 일인당 국민소득을 달달 외우고 다닌 것처럼 언제부터인가 부동산 전문가라는 사람들 입에서나 이들이 운영하는 블로그에 미국, 영국 등의 PIR 숫자들이 넘쳐나고 있는데 이는 아무 의미 없는 수치일 뿐이다. 그거 백날 비교해서 외우고 다녀봤자 한국 집값이 앞으로 오를지 내릴지 감을 잡는 데 아무 보탬이 안 된다.

선진국 부동산업계에서는 별 관심 없는 이 PIR을 한국에서는 주로 금융권 인사들이 중요한 지표처럼 받드는 이유는 아마도 이 PIR이 증권가에서 흔히 쓰이는 PER이라는 수치와 일맥상통하는 면이 있기 때문일 것이다. PER는 기업가치, 즉 주가를 기업의 수익으로 나눈 수치로 해당 자산이 고평가냐 저평가냐를 일차적으로 가늠할 수 있다는 면에서 부동산의 PIR과 같다. 하지만 결정적으로 다른 것이 이 PER에는 앞서 말한 것처럼 엥겔계수라는 속성이 없다. 주식이라는 것은 주식이 있어야 밥을 먹고 살 수 있는 일부를 제외하면 후진국이나 선진국이나 필수재의 성격을 갖지 않는다. 그리고 국가별 PER에는 한국의 지정학적 이슈 등이 반영되긴 하나 적어도 서구 자본주의 국가에서 기업활동에 대한 규제환경이 부동산처럼 국가나 도시 별로 천차만별인 경우는 없다. 그렇다면 미국 기업들의 PER도 부동산처럼 본사가 샌프란시스코냐 클리블랜드냐에 따라 몇 배가 달라져야 할 것이다.

일부 금융권 인사들은 자신들에게 익숙한 PER와 개념이 비슷한 PIR을 선호한 나머지 '한국의 적정 PIR 수준은 얼마'라고 제시하고 '이 적정 PIR은 금리에 따라 달라진다'는 기발한 주장을 하기에 이르렀다. 하지만 PIR은 금리가 아니라 국가별 소득수준과 무엇보다 부동산 규제환경에 따라 달라진다. 그리고 이렇게 규제환경에 따라 같은 미국 안에서도 천차만별인 국가별, 도시별 PIR을 달달 외우고 있어봐야 특별히 얻을 만한 인사이트는 없다.

서울의 PIR을 뉴욕이나 런던과 비교하는 이들 전문가들의 주장대로 미국 부동산 전문가들을 붙잡고 중부의 거점도시인 시카고의 PIR은 3.0으로 저평가되어 있고 서부에서 시카고와 별반 다를 것 없는 위상을 가진 샌프란시스코의 PIR은 11.7에 달하니 빨리 샌프란시스코를 팔고 시카고를 사라고 백날 얘기해봐야 어깨만 으쓱 하고 가던 길을 마저 갈 것이다. 파푸아뉴기니에 가서 너네 나라는 PIR이 180이 넘으니 미쳤다고 곧 집값이 폭락한다며 지나가는 사람마다 붙잡고 절대 집 사지 말라고 울며불며 경고해봤자 '도를 아십니까' 이상의 반응을 얻기는 힘들 것이다. 사실 처음에는 몇몇 연구원들이 이 PIR을 들고 나왔을 때 좀 의아하긴 했어도 너무 밑천이 뻔한 자료인지라 좀 저러다 말겠지 하며 보고만 있었는데, 이제는 국책기관까지 가세해 전국민을 호도하는 지경에 이르러 지적을 안 할 수 없게 되었다.

샌프란시스코의 PIR은 11.3으로 대외경제정책연구원에서 산출한 서울의 PIR 11.7과 거의 같은 수준이다. 이를 두고 '샌프란시스코 같은 글로벌 대도시와 서울이 어떻게 같은 수준이냐 서울이 거품이다'라고 주장하는 사람도 있다. 반면 엥겔계수의 속성을 명확히 반영해 국민소득이 낮은 나라로 갈수록 PIR이 올라가는 객관적인 수치를 눈으로 확인한 사람이라면 반대로 생각할 것이다. 구글 검색을 해보면 샌프란시스코의 평균 가구소득은 10만 4,879달러로 우리 돈 약 1억 2,000만 원에 달한다. 반면 2016년 경실련이 조사한 서울의 평균 가구소득은 4,087만 원으로 샌프란시스코의 1/3에 불과하다. 그런데 우연히도 규제환경이 비슷한 이 두 도시의 PIR이 11 내외로 같은 수준이다. 해석은 각자의 판단에 맡긴다. 참고로 감비아의 PIR은 87, 베트남은 40이다.

그렇다면 한국의 집값이 싸다고 주장하는 근거는 무엇일까? 먼저 역시 부동산에서보다는 사회경제학적으로 쓰라고 만든 자료지만 OECD에서 발표하는 'Better Life Index'라는 것이 있다. 우리말로는 '웰빙지수' 혹은 '더 나은 삶 지수'라고도 하며 각국의 삶의 질을 서로 비교하는 것이다. 이 웰빙지수는 주택뿐만 아니라 소득, 취업, 교육과 환경 등 다양한 삶의 분야를 수치화하며, 우리에게 워라밸이라는 말을 유행시킨 'Work-Life Balance 지수' 역시 포함된다. 우리의 워라밸 지수는 아직까지 갈 길이 멀어 38개국 중 35위에 불과하며 OECD 회원국 중 우리보다 워라밸이 안 좋은 나라는 터키와 멕시코, 그리고 한국(4.7)과 수치상 바로 붙어 있는 이스라엘 (4.6) 세 나라뿐이다.

OECD 국가별 가처분 소득 대비 주거비용 비중

단위: %

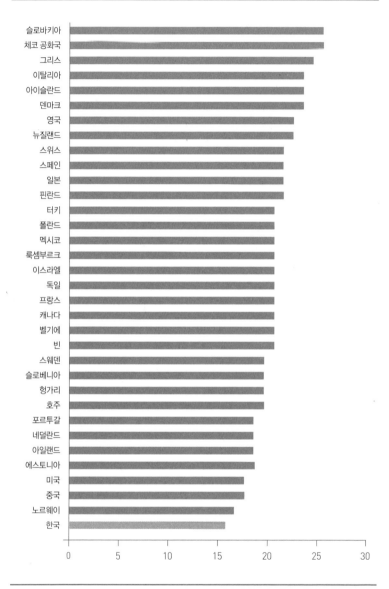

출처: OECD Better life index

단위: 개

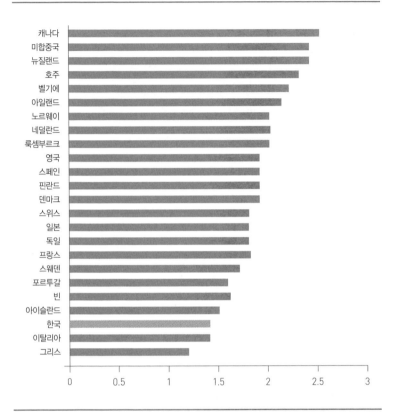

출처: OECD Better life index

그렇다고 실망하지는 말자. 한국이 OECD 회원국 중에서 당당히 1위를 차지하는 항목이 있다. 바로 집값이다. 정확히는 가처분 소득 대비 주택에 들어가는 비용을 말하는 주거비용Housing Expenditure이다. 이게 1위라는 말은 한국이 제일 비싸다는 말이 아니다. 제일 싸다는 말이다. 한국은 평균적으로 가처분 소득 대비 15%를 주거비용으로 쓴다. 가장 많이 쓰는 뉴질랜드는 무려 26%를 쓰고 프랑스, 벨기에, 네덜란드, 스웨덴 등 우리가 익히 아는 유럽의 복지국가들도 대개 20%선이다. 우리와 여건이 비슷한 일본도 22%를 쓰고 있다. 뭔가 이런 수치가 마음에 안 들거나 평소 내 생각과 다를 때마다 하는 '외국인들이 한국 실정도 모르고 만든 숫자놀음'이라는 말은 일단 하지 말자. 워라밸 지수를 보면 이들도 한국의 현실을 매우 잘 알고 있지 않은가?

이 OECD 웰빙 지수의 주택 항목 중 다른 수치들을 보면 한국이 1위를 한 것이 이해가 간다. 바로 품질이 매우 열악하기 때문이다. 우선 1인당 방 개수가 매우 적다(195페이지 표 참고). 한국의 평균적인 1인당 방 개수는 1.4개로 38개국 중 25위에 불과하다. 선진국들은 1인당 2개를 훌쩍 넘는 방을 가지고 여유 있게 살며 1인당 한 개가 안 되는 국가는 남아공과 브라질 정도다. 방 개수는 고사하고 집 크기는 더 작다. 우리는 25평짜리 아파트에도 네 식구가 우겨 살아야 하는데 말이 25평이지 전용 18평에 방 3개와 화장실 2개가 들어가는 것이다.

예전에 미국 친구들과 집 얘기를 하면서 "한국에서 900평방피트(대략 전용 25평, 분양면적 33평) 면적이면 방 3개에 화장실 2개를 뽑아"라고 했다가 '아차' 했다. 미국 친구들은 상당히 재미있다는 표정으로 "야 900평방피트에 방이 3개가 나와? 방이 진짜 코딱지만하겠다"며 웃었다. 미국에서 그 정도 넓이의 아파트면 보통 방 2개 내지 방 하나에 덴(Den, 서재 용도로 쓰는 작은 공간으로 보통 문이 안 달린 경우가 많다) 하나, 화장실 하나인 경우가 많다. 여기에다 우리 식으로 전용면적 18평, 즉 600평방피트에도 방 3개에 화장실 두 개가 나온다고 했으면 정말 뒤

1인당 주거면적

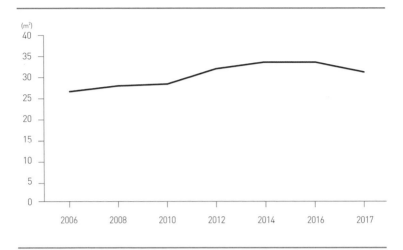

출처: 국토교통부, 「주거실태조사」

집어 졌을 것이다. 600평방피트면 정말이지 미국에서는 학생이나 독신이 사는 원베드룸 아파트의 전형적인 크기다. 미국이야 땅이 넓어 좋겠지만 미국만 아니라 다른 여타 국가들과 비교해봐도 한국의 집은 크기도 매우 작고 방 개수도 적다. 그리고 다음 그래프에서 보이듯, 이 점은 별반 개선이 되지 않고 있다. 아니 1인당 주거면적은 최근 들어 오히려 줄고 있다

1인당 주거면적이 줄어들고 있는 것은 수도권이나 지방 가리지 않고 일어나는 현상이며 더 특이한 것은 저소득층뿐 아니라 고소득층 역시 1인당 주거면적이 줄어들고 있다는 것이다. 소득수준이 늘어나면 1인당 주거면적도 늘어나는 것이 일반적인데 우리나라는 고소득

주요국의 1인당 주거면적

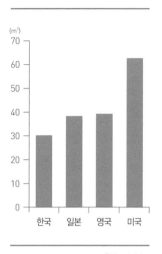

출처: e나라지표

층마저 다운사이징에 동참하는 것이다. 그리고 1인당 주거면적은 미국같이 국토가 넓은 나라뿐 아니라 우리나 별 차이 없는 일본이나 영국 등에 비해서도 근 1/4 이상 작다(한국 31.2㎡, 영국 40.9㎡, 일본 39.4㎡).

한국의 주택은 크기뿐 아니라 품질 면에서도 OECD 평균 대비 많이 부족한 것이 사실이다. 우선 객관적으로 수치화할 수 있는 부분인 '기본적인 편의시설을 갖춘 주택의 비율Dwellings with Basic Facilities'은 우리가 38개국 중 28위에 불과하지만 대부분의 OECD 국가가 90% 이상을 보여 변별력은 낮다. 두드러진 예가 꼴찌인 남아공의 63%인데 이 기본적인 편의시설이란 것이 수세식 화장실을 의미하니 이해가 가는 부분이다.

하지만 많은 사람들이 공감하듯 천편일률적인 아파트로 이루어진 한국의 주택품질에 대해 후하게 평가하는 사람은 별로 없을 것이다. 직업 상 해외를 자주 돌아다니는 나 또한 마찬가지다. 출장 길에 그냥 지나다니면서 주마간산 식으로 주거단지를 보고 가는 것이 아니라 한때 스마트시티 사업을 추진하면서 세계 주요국들의 주거단지들을 공사단계부터 '안전모 쓰고 안전화 신고' 구석구석 다녀보았다. 이때 피부로 와 닿은 것 중 하나는 '역시 한국 집들은 참 볼품이 없다'

는 것이었다. 특히 플로리다의 고급주택단지들 역시 디벨로퍼와 함께 개발단계부터 청사진 작업을 한 적도 있었지만, 이보다는 동남아시아나 중국의 신흥주거단지들을 보면서 느끼는 바가 더 컸다. 땅 넓고 돈 많은 선진국들이야 나보다 좋은 집에서 사는 것이 당연하지 않은가? 그걸 굳이 해외까지 가서 느낄 필요는 없다. 하지만 우리보다 한참 소득수준이 낮은 나라들의 신축 단지들을 보면서 놀랄 수밖에 없었다. 이건 분명 무언가 정상적인 현상은 아니다.

일부 동남아 국가들의 최근 신축단지들을 보면 우리나라만큼, 아니 우리나라보다 더욱 완성도 있고 고급스럽게 지어진 경우가 많다. 이 나라들은 우리나라보다 국민소득이 최하 1/3에서 1/20에 불과한 나라들이다. 우리나라 국민소득이 그 정도였을 때 우리가 살던 집들을 한번 돌이켜 보자. 높은 층고도 놀랍다. 말레이시아는 고사하고 캄보디아의 주상복합에도 적용되는 높은 층고는 한국에서 제일 비싸다는 갤러리아포레나 트리마제, 아이파크삼성 등에서도 찾아볼 수 없는 층고다. 한국 고급주상복합들의 공통된 특징은 미국이나 유럽은 고사하고 동남아시아의 고가 주상복합들에 비해 층고가 매우 낮다는 것이다. 낮은 층고는 전체 높이에 대한 규제와 고가주택도 받을 수밖에 없는 분양가 규제의 산물이다.

꼭 주택으로만 한정 짓지 말고 상업시설도 한번 보자. 동남아시아 대도시의 도심에 가보면 한국 기준으로는 입이 떡 벌어지는 경우가 많다. 이들 국가들의 쇼핑몰 개발은 이미 수십 년 전부터 미국이나 유럽 등의 선진국 눈높이에 맞춰져 개발되었다. 여기에다가 코엑스몰을 자랑하는 것은 마음 아픈 일이다. 최근 지어진 롯데월드몰이나 디큐브시티 정도는 되어야 동남아시아 몰에 비벼볼 수 있을 것이다. 왜 이런 차이가 났을까?

거두절미하고 그 이유는 박정희 전 대통령 때문이었다. 20세기 중후반, 한국을 비롯한 아시아의 신흥국들은 모두 독재자의 통치를 받았고 모두 경제발전을 위해 선진국 차관에 의존했다. 동남아시아의 독재자들과 박정희 전 대통령의 여러 차이점 중 하나는 이 차관을 주로 어디에 썼느냐는 것이다. 내 눈으로 본 적은 없으나 사익을 위해 배를 채운 것은 모두 동일하다고 가정하자. 결과로 보여지는 차이점은 박정희 전 대통령은 이 차관을 거의 대부분 산업자금으로 활용했다는 것이다. 그리고 이 산업자금에 달린 조건은 간단하지만 명확했다. 수출을 해야 계속 자금을 지원해준다는 것이었다. 미화할 건 아니다. 내전이 끝난 지 십여 년밖에 안된 신흥국에서 쿠데타로 정권을 잡은 군사독재자가 이런 자금을 지금 기준대로 공정하고 투명하게 배분했을 거라고는 애당초 기대를 말아야 한다. 이 자금은 주변인과 측근들, 그리고 이들에게 줄을 잘 댄 기업인들에게 돌아갔다.

대우그룹이 해체된 지 20년이 지났지만 김우중 전 대우회장은 여전히 김대중 정부에 의해 자신의 그룹이 의도적으로 해체되었다고 굳게 믿고 있다. 정부에서 자금을 조금만 더 지원해주었으면 어려움을 딛고 회생을 했을 것이라고 말이다. 하지만 대우그룹은 총수 본인을 제외하면 그 부실을 다 파악하는 사람이 없다는 말을 들을 정도로 엄청난 분식회계를 통해 값싼 정책자금을 천문학적으로 빌려다 썼다. 그리고 이 돈을 다시 제3세계 독재자들에게 제공하며 공항에서 레드카펫으로 환영 받은 전 기업인이 간과한 부분이 있다. 이런 정부의 끝없는 자금 지원이 당연한 것도 아니고 모든 사람들에게 해당되는 것도 아니라는 것이다.

김우중의 대우실업은 박정희 정권 시절 새마을 공장 1호로 지정을 받았다. 우연인지는 모르지만 김우중 전 회장의 아버지가 박정희 전 대통령의 대구시절 은사였기 때문이라는 의혹을 받았다. 청년 창업시절부터 돈은 정부에서 저리로 얼마든지 퍼주는 것이라는 사실에 길들여졌던 김우중 전 회장으로서는 그깟 장부 좀 가짜로 썼다고 자금줄을 막은 정부가 나쁜 놈이라는 생각이 들 수도 있을 것이다. 평생을 그렇게 살아오지 않았기 때문에 말이다. 이런 수많은 숨은 사연과 비리사례들이 있겠지만 적어도 박정희 정부는 이 차관 대부분을 산업자금으로 쓴 것은 사실이다. 김우중의 대우실업도 특혜를 이어가기 위해서는 수출실적에 목숨을 걸 수밖에 없었다. 이야기가 잠깐 다른 곳으로 흘렀는데, 그렇다면 비슷한 상황의 동남아시아 국가들은 어땠을까?

동남아시아 국가의 독재자들은 이 차관의 상당 부분을 자국 부동산 사업에 썼다. 대부분 측근이나 측근의 이름을 빌린 본인 사업이었다. 이는 인도네시아, 말레이시아, 태국 등 가리지 않고 벌어진 일이었다. 예나 지금이나 아무것도 없는 허허벌판에서 자동차를 생산하고 철강을 제련해 수익을 내기까지는 기간도 오래 걸리고 무엇보다 불확실성이 너무 크다. 터 파기 시작해 2~3년이면 분양이 끝나고 일부 알짜는 계속 보유하면서 임대료를 받을 수 있는 부동산 개발사업이야말로 언제 권력이 막을 내릴지 모르는 이들 독재자들에게 가장 손쉬운 사업모델이었을 것이다.

동남아시아는 관광객이 많기 때문에 이런 부동산 개발 사업이 가능했고 한국은 분단국가였기 때문에 어려웠을 것이라는 얘기는 하지 말자 만약 수하르토가 한국에서 정권을 잡았다면 1970~1980년대 한국의 관광계를 점령한 일본 기생관광단을 겨냥해 명동 한복판에 대규모 위락시설을 지었을 것이다. 그리고 그 위락시설의 요소요소에 들어선 요정들은 모두 수하들이 차명으로 관리했을 것이다.

그 대가는 컸다. 동남아시아 국가들은 우리보다 훨씬 먼저 멋들어진 쇼핑몰과 맨해튼 한복판에 내놓아도 손색이 없을 만큼 하늘을 찌를 듯한 주상복합 아파트들을 갖게 되었지만, 산업시설의 기반을 마련하는 데는 실패했다. 이 국가들도 산업발전에 공을 들였으나 이 산업시설에 투자한 사람들 역시 부동산 재벌이 된 측근이었기 때문이다. 인도네시아는 현대차의 성공을 벤치마킹해 티모르라는 국산차 개발에 열을 올렸지만 티모르를 주도한 사람은 역시 부동산으로 가만히 앉아 다달이 들어오는 떼돈을 주체하지 못하고 있던 수하르토의 셋째 아들이었다.

신흥국 초기에 전문성은 다같이 없었다 쳐도 절박함도, 꼭 성공해야 하는 동기부여도 부족한 이들의 사업이 거센 국제경쟁을 뚫을 것이라는 기대는 애초에 하지 말아야 한다. 박정희 전 대통령은 적어도 특혜를 받은 주변인들이 수출실적 달성에 실패하면 질책했고, 이를 만회하지 못하면 저리의 산업자금이라는 특혜를 (또 다른 측근인) 다른 사업가에게 넘기면서 경쟁을 도모했다. 반면 수하르토의 아들은 회사에 돈이 떨어지면 은행장들에게 전화를 했다.

한국 역시 대가는 컸다. 세상이 부러워하는 산업기반을 갖추었지만 세상 어디를 내놓아도 부끄러운 주택환경을 덤으로 받았다. 외관만 보아도 천편일률적이고, 내부로 들어가면 낮은 층고는 둘째 치고 공기를 단축하고 건축비를 아끼고자 이미 시장에서 소음방지 성능을 검증 받은 라멘식 구조나 철골조가 아닌, 소음이 벽을 통해 그대로 전달되어 버리는 벽식으로 지어버린 한국식 아파트가 그것이다. 그마저 한때 규제를 완화해 층간 두께마저 얇디 얇아졌다. 한때 120mm의 슬라브 두께 정도면 합격점을 받았고 소음완화재마저 없었던 아파트의 층간 두께는 이로 인해 층간소음이 살인사건까지 불러일으키는 사회문제로 대두되자 뒤늦게 강화되었다. 현재는 210mm 두께에 20mm의 흡음재를 넣어야만 허가가 나온다. 물론 이걸로 충분한 것은 절대 아니다. 흡음재도 등급이 있고 또 210mm 슬라브도 부족하다고 생각되어 부동산 시장 호황기에 분양한 일부 고가 주상복합들은 철골조임에도 자발적으로 규제를 넘어선 300mm 이상으로 시공되어 있다.

아파트의 이런 낮은 품질 뒤에는 우리가 못살던 시절 외국 차관을 주로 산업자금으로 돌리느라 부동산개발시장이 위축된 이유도 있지만 무엇보다 가계대출이 원천적으로 불가능했던 이유도 있다. 예전에 은행은 돈을 맡기는 곳이었지 빌리는 곳이 아니었다. 지금까지 이어지고 있는 '곗돈'이라는 사회현상이 그 부작용이다. 꼭 집을 살 큰돈은 아니더라도 애들 등록금, 병원비, 하다못해 가재도구를 사려면 목돈이 필요하던 시절, 제도권 금융에서는 이를 해결해주지 못했다. 모든 자금을 산업계에 집중시키다 보니 가계여신은 극도로 막아둔 것이다. 어쩔 수 없이 '계'라는 사금융이 등장했다.

또한 가계가 집을 사는 데 은행에서 돈을 빌릴 수 없으니 집은 무조건 비싸 보일 수밖에 없었다. 돈을 모아서 집을 사는 수밖에 없는데 당시의 고도성장을 감안하면 아무리 고금리 시절이라도 은행에서 주는 이자로 차곡차곡 돈을 모아서는 자산 시장의 상승폭을 따라갈수가 없기 때문이었다. 그러자 당연히 실수요자층인 서민들의 불만이 커졌고 그렇다고 산업자금을 부동산대출 시장으로 돌릴 수는 없었던 정부로서는 집값을 누르는 것 외에는 선택지가 없었다. 집값을 억누르는 데는 두 가지 방법이 있다. 택지개발로 공급을 확대하는 것(강남 개발)도 방법이었지만 가장 즉각적인 방법은 가격자체를 억제하는 것이었다. 이러자 자본주의 국가에서 주택의 분양가를 정부에서 정해주는 것이 당연한 것이 되었다. 예나 지금이나 '싸고 잘 짓는 방법'은 세상에 없는 방법이다. 가격을 싸게 받으려면 싸게 짓는 수밖에 없다.

굳이 나 역시 살고 있는 한국의 주택을 셀프디스하는 이유는 이런 국제적인 비교를 통해 '한국의 집값이 싸네 비싸네' 논의하는 것이 별 의미가 없다는 것을 보여주기 위해서다. 한국 집값이 싼 이유는 다 이유가 있기 때문이라는 것이다. 아무리 품질이 낮아도 다들 외국에 나가 살 수는 없으니 울며 겨자 먹기로 서울 아파트를 살 수밖에 없다. 하지만 돈을 들여봐야 만족도가 그만큼 상승하지 않기 때문에 일정 수준이 넘어가면 고소득층도 집에 더 큰 돈을 쏟아 붓지 않는다. 돈을 들인 만큼의 만족도를 주지 못하기 때문이다. 한국에서 그 정도의 만족도를 얻을 만한 집을 구하려면 정말 천문학적인 돈이 들 수밖에 없다.

그러니 앞으로의 한국 부동산 시장이 더 상승할 것인지, 하락할 것인지에 대한 판단은 우리나라 부동산과 거시경제의 내재요인에 의해 판단해야 한다는 것이다. 우리와는 가격 형성에 대한 제반 여건이 전혀 다를 뿐 아니라 자기 나라안에서도 천차만별인 뉴욕이나 LA 집값과 비교할 게 아니다. 앞선 장에서 세계 경제를 주도하는 미국의 부동산 시장 현황을 알아본 것은 현재가 부동산 사이클 중 어느 지점인지를 입체적으로 파악하기 위해서지 양국의 집값을 비교하기 위해서가 아니다. 그래도 굳이 외국과 비교를 해야 무언가 마음이 놓인다는 사람들을 위해 흥미로운 자료 하나 투척하고 이 장을 마무리하려 한다.

다음 페이지 그래프는 몇몇 전문가들이 애정하는 PIR을 OECD에서 국가별로, 그 변화분을 비교한 것이다. 다시 말하지만 PIR 수치 자체를 국제적으로 비교하는 것은 아무 의미 없는 일이다. 이 자료는 PIR 자체를 국가별로 비교한 것이 아니라 2010년의 PIR을 100으로 놓고 2018년 현재 PIR이 얼마나 올랐거나 내렸는지를 비교한 것이다. 즉 현재 수치가 100 이상인 국가는 지난 8년 간 소득 증가분보다 부동산 상승률이 높은 나라고, 100 이하인 국가는 부동산 상승률이 소득증가에도 못 미친 국가들이다.

2010년은 부동산 버블이 꺼진 직후로 내가 장기 버블지수의 산정 기준으로 삼은 2003년까지 거슬러 올라가지 않더라도 이때 수치를 기준으로 삼으면 비교적 왜곡이 덜할 것이다. 2018년 현재 이 수치가 100 이하란 얘기는 2010년과 비교해 자산 시장에서 부동산이 여러 원인으로 저평가된 것일 수도 있다는 얘기가 된다. 반대로 100이 넘

주요 국가 PIR 변화치 비교

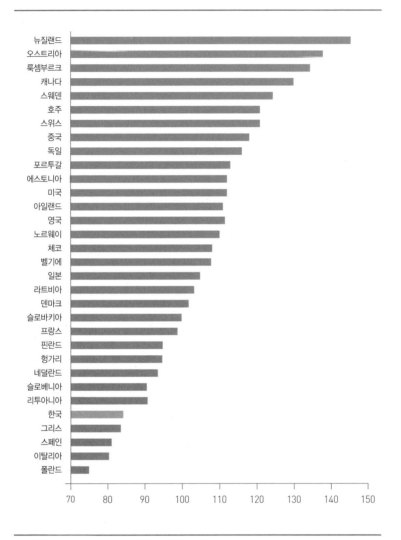

출처: OECD

부동산 버블 마지막 기회를 잡아라

어간다면 고평가되었다고도 해석할 수 있다. 우리는 어디쯤 있을까?

뉴질랜드나 호주, 캐나다 등 최근 부동산 시장이 활황세를 보인 나라들은 모두 130~140을 훌쩍 넘어 소득 증가에 비해 부동산 시장의 상승분이 매우 컸다는 것을 알 수 있다. 이렇게 부동산이 핫한 나라들 외에도 독일이나 스위스, 오스트리아, 노르웨이, 벨기에 등 서유럽 국가들도 모두 100을 훌쩍 넘는 수치를 보이고 있다. 왠지 모르지만 우리가 언젠가부터 지상낙원이라고 알고 있는 스웨덴의 경우 유럽 주요국들 중 가장 높아서 120을 넘어선다(룩셈부르크가 더 높지만 주요국이라고 하기에는 너무 규모가 작다).

한국의 경우는 어떤가? 80 정도다. 이는 2010년 이후 부동산이 분명 오르긴 했으나 소득 증가분을 전혀 따라잡지 못하고 있다는 말이다. OECD 국가 중 우리나라보다 이 수치가 낮은 나라는 남유럽 PIGS국가 중 3개인 그리스, 스페인, 이탈리아와 동유럽의 폴란드뿐이다. 폴란드는 안정적인 경제성장을 이어가고는 있으나 최근 EU 탈퇴를 경고하자 브렉시트에 이은 폴렉시트 이슈가 불거지며 2018년 초부터 주가가 폭락한 바 있다.

그래서 산다면
어디를 사야 하나

앞장에 나온 수치 중 OECD의 PIR 변화그래프는 적어도 2010년 이후 세계 주요국들 중 한국의 부동산 상승률이 소득증가 대비 가장 낮은 축에 속한다는 것을 보여준다. 적어도 고평가 논란에서는 자유로운 것이다.

그래서 결론을 다시 내린다면 적어도 서울의 핵심 지역에 집을 가지고 있는 사람이라면 아직 팔 때는 아니다. 그리고 1주택자라면 정말 온 나라가 만신창이가 되는 1990년대 후반의 외환위기 같은 상황이 아니라면 부화뇌동하지 말고 살던 집에서 그냥 마음 편하게 가족들과 함께 사는 것이 장기적으로 더 현명한 선택일 것이다. 부동산 고수 반열에 오른 적극적인 투자자가 아닌 이상, 이때 팔았다 다시 집 장만할 타이밍을 놓친다면 어떻게 되겠는가.

지금 사야 하는 사람들은 어차피 집이 필요한 무주택자나 다주택에 대한 불이익을 감수하고서라도 적극적인 투자를 원하는 사람들이다. 물론 모든 사람들이 가격 오를 집을 사고 싶을 것이다. 하지만 자신이 처한 상황에 따라 그것이 가능한 타이밍이 있고 어려운 타이밍이 있다. 집 장만을 하려는 무주택 실수요자라면 대개는 강남의 핵심 지역을 바로 사기는 힘든 상황일 것이다. 헌데 지금 상황은 바로 이 강남의 핵심지역들만 오르는 상황이다.

그렇다면 이들에게 남은 선택지는 두 가지다. 전세를 살며 다음 타이밍을 기다리거나 강남 핵심은 아니라도 최대한 가격이 빠지지는 않을 지역을 매입하는 것이다. 이는 본인의 상황에 맞게 선택해야 한다. 특히나 가족이 있는 가장이라면 2년에 한 번씩 전세를 전전하는 것보다는 하루빨리 정착하여 아이들이 수시로 전학 다니지 않고 동네와 학교에 자리잡을 수 있게 해주는 것이 더 현명한 선택일 수 있다. 시세 차익 좀 보겠다고 온 가족을 이끌고 이 동네 저 동네 전전하는 것은 특히나 취학연령의 아이들에게 소탐대실인 경우가 많다.

그래도 마음 한편으로는 불안할 것이다. 정부의 수요억제책이 워낙 강력하기 때문이다. 이번 정부는 부동산이 들썩일 때마다 강력한 수요억제책을 내놓을 것이고 돈줄을 죄고 다주택자를 범죄자 취급할 것이라는 것 역시 2017년에 예상한 그대로다. 그렇다면 이럴 때마다 멈칫멈칫하다 다시 튀어오를 것이라는 예측의 근거는 무엇일까?

첫째는《오르는 부동산의 법칙》에서도 계속 강조했고 이번 책에서도 되풀이하고 있는 '핵심지역의 공급부족'이다. 두 번째 근거는 현 정부가 대출을 옥죄고 부동산 시장으로 흘러가는 자금의 원천을 차단하고는 있으나 적어도 특정 세그먼트에서는 이 현상이 오래가지 않을 것이기 때문이다.

9.13 대책에서 가장 강력한 것은 LTV 규제보다 2주택자 이상의 주택담보 대출을 원천적으로 봉쇄했다는 것이다. 따라서 이들의 투자 수요가 줄어드는 것은 당연한 일이다. 그렇다면 시중의 이 많은 대기자금들은 어디로 갈까? 주식시장이나 은행의 정기예금으로 흘러갈까? 일부는 그렇겠지만 부동산 시장에서 나온 자금은 그 속성상 주식시장으로는 잘 가지 않는다. 금리가 조금은 올랐지만 아직 역사적 저금리를 벗어나지 못한 상황에서 MMF나 CMA를 제외하고 목돈을 장기로 은행에 묶어둘 사람은 많지 않다.

나는 지금 벌어지고 있는 현상을 2017년에 예상하면서 다주택자에 대한 정부의 규제가 강해지고 주택시장으로 흐르는 돈줄을 막을수록 수익형 부동산으로 자금이 유입될 것이라고 전망했다. 그런데 요즘 언론기사나 부동산 관련 인터넷 사이트에는 최저임금이 오르고 자영업 폐업률이 늘면서 상가 같은 수익성 부동산 시장도 암울하다는 말들이 돌고 있다. 실제 투자자들도 그렇게 생각할까?

최근 매일경제 전범주 기자는 빌딩거래업체 빌사남과 함께 2018년 강남의 빌딩 거래에 대해 전수조사를 벌였다. 눈에 띄는 것은 강남구 아파트 거래량이 전년에 비해 50%가 감소하는 동안 빌딩거래는 44%가 늘었다는 것이다. 12월 11일 기준이니 연말까지 집계를 하면 근 50%에 육박할 수도 있다. 이중 50억 미만 꼬마빌딩의 거래가 절반이 넘었다. 더군다나 이들은 투자금의 상당부분을 은행대출이 아닌 현금으로 충당했다. 적게는 수십억에서 100억이 넘는 빌딩을 매입하면서 은행대출을 전혀 받지 않은 투자가 전체의 1/4에 달했고, 매매가의 50% 이내에서 대출을 받은 경우는 전혀 받지 않은

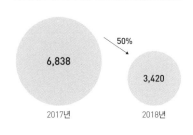

강남구 아파트 거래량 변화 현황

6,838
2017년

50%

3,420
2018년

※ 218년 12월11일 기준.

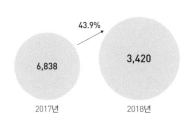

강남구 빌딩거래 건수 단위: 건

6,838
2017년

43.9%

3,420
2018년

출처: 매일경제 2018년 12월 13일 기사

경우를 포함해 전체의 절반이 넘었다. 그만큼 현금 유동성이 풍부하다는 말이다.

통빌딩 외에 비교적 적은 금액으로 접근 가능한 상가시장 역시 마찬가지이다. 다음 페이지 표는 정권이 바뀌기 전인, 그러니까 정부에서 빚내서 집사라고 권유하던 시기에 LH에서 신규로 조성한 택지지구의 상가 낙찰가율과 문재인 정부의 8.2 대책과 9.13 대책까지 모두 나온 직후 비슷한 여건의 신규택지지구에서 역시 LH가 분양한 상가의 낙찰가율을 비교한 것이다. 모두 1층 상가로 비교했지만 굳이 따지자면 2016년의 위례가 2018년의 하남감일보다는 투자자들이 더 선호하는 지역일 수 있다. 나라면 그럴 것이다. 게다가 2016년에 비해 2018년은 금리까지 어느 정도 오른 상황이다. LTV가 낮게 관리되어 금리의 등락을 어느 정도 흡수할 버퍼가 있는 한국의 주택시장과 달리 수익률만을 따지는 수익형 부동산은 금리와 직접적으로 연관될 수밖에 없다. 그럼에도 불구하고 역사상 최저금리인 2016년에 조금

신규택지지구 상가 낙찰가

LH 상가 2018년 11월 입찰. 하남감일 B7블록

호수	예정가	낙찰가	낙찰가율
101	306,820,000	935,600,000	305%
102	276,140,000	877,510,000	318%
103	276,140,000	842,200,000	305%
104	276,140,000	778,800,000	282%

LH 상가 2016년 11월 입찰. 위례 a2-1블록

호수	예정가	낙찰가	낙찰가율
101	514,560,000	1,180,000,000	229%
102	367,560,000	860,000,000	234%
103	367,560,000	772,000,000	210%
104	367,560,000	772,000,000	210%
105	367,560,000	825,199,900	225%
106	408,400,000	935,000,000	229%

출처: LH공사

더 나은 입지에서 입찰한 위례에 비해 금리가 오른 2018년 11월에 입찰을 받은 하남감일의 상가 낙찰가율이 현저히 높았다. 금리가 더 높은 시기에 더 안 좋은 입지에서 투자자들이 최소한 50% 이상 더 써낸 것이다.

자영업자 폐업이나 최저임금 인상이니 주변에서 입으로만 하는 말과는 달리 실제 현금을 보유한 투자자들은 상가나 빌딩 같은 수익형 부동산으로 몰리고 있다. 주택시장은 규제가 강화되는데 그 돈을 굴릴 만한 마땅한 대안이 없기 때문이다. 이는 2008년 무렵처럼 금리가 아주 급속히 오르기 전까지는 지속될 현상인데 금리, 특히 한국의 금리는 여러 번 강조하지만 아주 제한적으로 오를 수밖에 없다. 그리고 여기서 벌어들인 수익은 결국 다시 주택시장으로 돌아온다. 예전처럼 외곽 지역의 갭투자 형식으로 돌아온다는 말이 아니다. 다주택자에 대한 징벌적 과세가 심화되니만큼 핵심 지역의 고가 주택으로 돌아오는 것이다. 게다가 내가 사는 집은 지위재다. 어디선가 돈을 벌면 그 돈은 지위재로 몰리게 되는데 그 지위재의 수익률까지 높을 것으로 기대되면 답은 이미 나온 것이다. 똘똘한 한 채 현상은 예상대로 이미 벌어지고 있고, 정부 정책 상 고가 주택의 희소성은 점점 높아지고 있다.

불편한 진실이기는 하지만 양극화는 점점 심해지고 있다. 지난 5년 간 가장 소득이 증가한 사람들은 상위 10% 계층이다. 이들의 소득증가율은 2위 그룹과도 매우 확연하게 차이가 난다. 최근 부동산 경기 회복으로 자산이 가장 늘어난 것도 두말할 것 없이 이들 10분위 계층이다. 적어도 핵심지역의 고가 아파트는 기존에도 LTV를 풀로 받아서 사는 사람들의 비중이 많지 않았는데 현금 여력까지 늘어나고 있다.

대출규제는 물론 악재임이 분명하다. 하지만 이는 단기 악재일 뿐이다. 대출규제만으로 시장 전체를 누를 수는 없고 결국 시장은 우회로를 찾아낸다. 게다가 대출비중이 낮은 고급주택은 이 대출규제

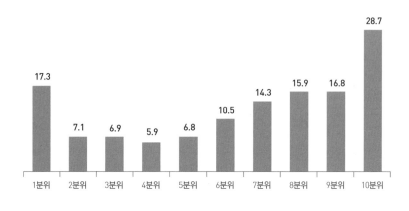

지난 5년간 소득분위별 소득 증가율

단위: %

※ 도시 2인 이상 경상소득(명목), 2013년 2분기 대비 2018년 2분기   출처: 통계청, 가계동향조사

에서 자유롭다. LTV를 60%에서 40%로 낮춘다고 해도 어차피 30억 원짜리 집에 18억 원씩 대출을 끼는 사람은 정말 돈이 급한 개인사업 자들을 제외하고는 별로 없다.

많은 개인사업자들은 사업자대출보다는 금리가 낮은 주택담보대 출을 사업자금으로 활용하는 경우가 많기 때문에 고가주택에서 이런 높은 비율의 LTV는 주담대라기보다는 개인사업자들의 사업자금 목 적이 많다. 미국은행들도 LTV와는 별개로 이런 절대 금액이 큰 대출 은 '풍선 대출'이라고 해서 특별관리한다. 이 정도로 빌리는 사람도 별로 없을뿐더러 절대 금액이 커지면 비율과는 상관없이 리스크가 커지기 때문이다.

강남 등 핵심지역의 고가 주택은 대출규제가 시행된 초기에는 시

시도별 가계대출 연체율 증감 현황

단위: %

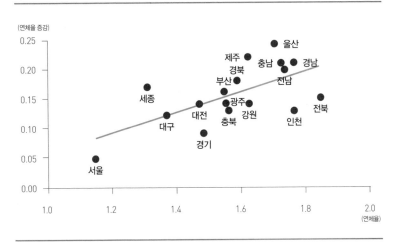

※ 2018년 8월 기준. 카드대출을 포함한 30일 이상 연체율임. 연체율 증감은 전년동월비   출처: 한국건설산업연구원

장 전체가 얼어붙으며 잠시 눈치를 볼 뿐이다. 기존 유동성에 더해 수익형 부동산에서 회수된 자산은 결국 지위재인 고급주택으로 돌아와 가격을 밀어 올리게 된다. 수익형 부동산의 가격이 상승하면 매각을 하지 않아도 수익형 부동산에서 추가 대출을 일으켜 고가주택에 투자하는 것이 가능해진다.

앞서 한국의 가계대출이나 주택담보대출은 연체율이 지극히 안정적이라 신용위기는 고사하고 부동산 버블이 터질 위험도 낮다는 것을 보여주었다. 이를 시도별로 나누어 보면 또 극명하게 나뉜다. 서울과 지방의 가계대출 연체율은 또 다른 세계다. 가계대출의 위험도를 보면 최근 경기가 급속히 나빠진 울산과 경남지역의 연체율 증가가 눈에 띄게 높다. 연체율 자체도 전북 등과 함께 가장 높은 축이지

역대 정부 토지보상금 규모

정부	토지보상금	주요 사업
노무현	103조 원	2기 신도시, 혁신도시
이명박	117조 원	보금자리, 4대강
박근혜	58조 원	행복주택
문재인	?	3기 신도시

출처: 국토교통부

만 증가율도 매우 높다. 이는 필연적으로 주택시장의 부실로 이어진다. 반면 서울의 가계대출은 전혀 딴 세상이다. 연체율 자체도 낮지만 연체율의 증가율도 미미하다. 서울의 주택시장만 보면 어차피 그 효과가 오래가지 못할 정부의 수요억제책 외에는 위험요소가 전혀 없는 것이다.

여러 가지 이유로 지방을 떠날 수 없는 분들에게는 현재 이 상황이 매우 야속할 것이다. 하지만 스스로를 너무 비운의 주인공으로 만들지는 말자. 2010년 초중반, 서울과 강남의 부동산 시장이 깊은 침체에 빠져 있을 때 지방 부동산은 선방을 넘어 홀로 약진했다. 그리고 이때 지방 부동산에서 난 수익을 정리해 서울에 투자한 사람은 진정한 승리자가 되었다. 정부 규제책이 서울과 강남에 집중되다 보니 서울과 지방의 부동산 시장은 다른 사이클을 보이는 것이다. 지방의 침체도 언젠가, 혹은 조만간 바닥을 다지고 상승 사이클로 돌아설 것이다.

수요, 즉 유동성을 막아놓는데도 부동산이 상승 사이클로 다시 돌아갈 것으로 기대하는 이유는 또 다른 데 있다. 바로 이 막힌 유동성을 한 번에 풀어줄 3기 신도시에서 나올 막대한 토지보상금이다. 참여정부 당시에도 강남의 집값을 때려잡고자 그렇게 규제를 했지만 바로 에쿠스가 부족한데 엉뚱하게 티코 생산을 늘렸던 잘못된 공급정책이 생각지도 못한 부메랑으로 돌아왔다. 바로 2기 신도시와 지방의 혁신도시를 지으면서 풀린 막대한 토지보상금이었다.

이 토지보상금은 인근 토지를 매입하면 받을 수 있는 세금 혜택 때문에 인근 대토시장으로 제일 먼저 풀리지만 당시처럼 강남집값이 치솟는 상황에선 지방에 목돈을 묶어두기보다 뭉칫돈을 들고 서울로 오는 사람이 많았다. 토지보상금도 소유 기간과 자경 여부 등에 따라 세금 혜택이 다 다르다. 참여정부 당시 풀린 토지보상금 103조 원은 이명박 정부 시절 풀린 117조원보다는 적어 보인다. 하지만 물가상승률은 차치하고라도 일단 이명박 정부 시절은 전 세계적으로 디플레이션을 막고자 미친 듯이 유동성을 풀던 양적 완화 시기라는 것을 고려해야 한다.

반면 참여 정부 시절은 경기 호황기로 정부가 긴축을 해야 하는 시기에 역사상 유례 없는 양적 완화 시기와 맞먹는 토지보상금이 풀렸다는 것이다. 게다가 이명박 정부 시절 풀린 117조 원의 상당부분이 말도 많고 탈도 많았던 4대강 개발을 위한 토지보상금이었다면, 노무현 정부 당시 풀린 103조 원은 이런 걸 다 빼고 순전히 택지지구 개발에서 풀린 것만 그 정도였다. 박근혜 정부 들어서는 이 토지보상금이 딱 반으로 줄었다. 두 번의 전 정권에서 신규택지를 조성하느라 기반시설에 들어가는 국가부담이 너무 컸기 때문에 박근혜 정부에서는 아예 신규택지지구 개발을 중단한다고 선언했다. 부동산 시장이 적어도 토지보상금이라는 측면에서는 별로 재미를 보지 못했던 박근혜 정부와 비교할 때 참여정부를 계승한 이번 정부에서 풀릴 막대한 토지보상금에 대한 기대감이 모락모락 커지고 있다.

이번 정부가 들어선 후 온전히 맞이한 첫 해인 2018년, 토지 보상금은 이미 16조 원으로 2017년의 9조 원에 비해 두 배 가까이 늘어났다. 이번에 계획 중인 3기 신도시는 2기 신도시에 비해 전체 면적은 적지만 서울에 훨씬 가까운 입지들이다. 당연히 공시지가가 높아 면적은 작아도 만만치 않은 토지보상금이 풀릴 것으로 보인다.

무엇보다 중요한 것은 보상금이 풀리는 시기다. 정부는 이번 정권 임기 내에 적어도 부지 조성은 마무리할 것이라고 밝혔다. 따라서 2019년부터 보상에 들어가 아무리 늦어도 2021년 이전까지는 토지 보상을 완료할 계획이라고 한다. 반면 3기 신도시의 공급이 풀리는 것은 이보다 최소 2~3년 후인 2022년 이후다. 시장 자금을 분산시키기 위해 먼저 분양할 수도 없다. 민간사업도 후분양을 하라며 정부에서 압박하는 판에 공공택지에서 선분양을 할 수는 없기 때문이다. 현재도 정부는 후분양을 하는 민간건설사들에게 공공택지를 우선공급하며 공공택지물량의 70% 이상을 후분양하겠다는 로드맵을 발표했다. 심지어 이재명 경기도지사는 2020년부터는 도내 민간사업자도 모두 후분양을 의무적용하겠다고 밝혔다.

그런데 여기서 말하는 공급이라는 것은 분양을 말한다. 실제 입주는 빨라야 5~6년 후부터 시작이고 본격적으로 진행되는 것은 10년은 잡아야 한다. 그린벨트를 풀어 토지보상을 하고 기반시설 공사부터 해서 아파트를 공급하는 것은 말처럼 쉬운 일이 아니다. 각 단계마다 암초들이 도사리고 있다. 2010년에 사전신청을 받은 하남 감일 보금자리 주택의 경우 예비당첨자들이 청약에 당첨된 지 8년이 지났지만 아직 입주가 요원하다. 그런데 그 옆에 다시 3기 신도시를 토지 보상부터 시작한다는 것이다. 공급은 수년 후에야 되는데 돈은 당장 눈앞에 풀리는 상황이다.

우리가 해야 할 일들

"영끌(영혼까지 끌어모아)해서 슈퍼스타 아파트를 사거나, 마음 편히 전세 살며 다음 사이클을 기다리거나."

그렇다면 어떤 아파트를 사야 수익을 극대화할 수 있을까? 상승기에는 다 같이 오르고 하락기에는 다 같이 떨어지면 마음 편하겠지만 부동산 사이클에 따라 각자 더 오르고 더 내리는 아파트 유형이 있다. 다음 두 줄을 기억하고 있으면 꼭 이번 사이클이 아니더라도 앞으로의 상승장에서 매수결정을 하는 데 도움이 될 것이다.

① 부동산 저점에는 숨어 있는 저평가 아파트를 사면 상승기 초반에 수익률이 가장 좋다.

② 부동산 상승 초기에는 말만 들어도 남들이 "우와" 하는 슈퍼스타 아파트를 사는 것이 수익률이 가장 좋다

다음 페이지 표는 이 두 분류의 아파트 중 내가 이번 사이클에 실제 매수 매도를 했거나 매수 의뢰를 했던 대표적인 단지 두 개씩을 골라 그 동안의 수익률을 계산해 놓은 것이다. 기간은 내가 실제 저평가 아파트를 매수했던 2014년부터 상승세가 본격적으로 시작하

아파트·상승기별 상승률

구분	2014년 1월~2016년 4월	2016년 4월~2018년 3월	합계
• 저평가 아파트			
강남데시앙포레	164.70%	117.50%	193.50%
위례롯데캐슬	168.90%	128.90%	217.80%
• 슈퍼스타 아파트			
래미안대치팰리스	131.20%	148.50%	194.80%
반포래미안퍼스티지	119.60%	155.20%	185.60%

출처: 국토교통부 실거래가 토대로 계산

기 직전인 2016년 말까지를 상승 1기, 부동산 시장이 본격적으로 상
승세에 돌입한 2016년 말부터 2018년 3분기까지를 상승 2기로 놓았
다. 하락기에 저평가된 아파트 단지로는 강남구 수서동의 강남데시
앙포레와 위례의 위례롯데캐슬을 꼽았다. 이 둘 모두 하락기에 미분
양이 난 곳이었고 덕분에 나에게도 차례가 돌아왔다. 강남데시앙포
레는 30평대는 모두 분양 완료되어 미분양된 47평의 분양가를 기준
으로 삼았다. 30평대는 시장가 대비 매우 낮게 책정이 되었기 때문이
다. 반면 위례롯데캐슬은 30평대도 모두 미분양이 나서 33평의 분양
가를 기준으로 삼았다. 슈퍼스타 아파트는 요즘 가장 핫한 지역인 대
치동과 반포동의 신축 대표주자 2곳을 꼽았다. 요즘 인구에 회자되
지만 입주한지 얼마 안 되는 아크로리버파크보다 대표성이 강한 래미
안퍼스티지를 넣었고, 각 아파트의 분기별 가격은 국토교통부에 신
고된 최고가를 기준으로 하였다.

아파트 단지별 분기 실거래 최고가

단위: 억 원

연도	분기	강남데시앙 포레 47평	위례 롯데캐슬 33평	래미안대치 팰리스 33평	반포래미안 퍼스티지 33평
2014	1	8.50	4.50	12.58	14.55
	2	-	-	12.37	14.60
	3	8.92	-	12.79	15.15
	4	8.97	-	12.23	15.10
2015	1	8.92	-	14.83	15.40
	2	8.98	-	14.60	15.70
	3	-	-	14.80	16.90
	4	-	-	14.50	16.15
2016	1	-	6.70	14.15	17.00
	2	12.00	7.28	14.82	17.00
	3	-	7.45	16.00	17.93
	4	14.00	7.60	16.50	17.40
2017	1	-	7.46	16.50	18.10
	2	13.75	7.70	17.00	18.30
	3	-	8.00	18.50	20.00
	4	15.13	8.30	21.00	22.60
2018	1	16.00	9.80	22.50	24.25
	2	-	9.25	22.85	22.70
	3	16.45	9.80	24.50	27.00

출처: 국토교통부

저평가 해소 국면인 상승 1기에는 저평가 아파트 단지 두 곳 모두 60%가 넘는 상승률을 보인 반면, 슈퍼스타 아파트들은 그 절반에도 못 미치는 20~30%의 상승률만을 기록했다. 저평가 아파트들이 시세보다 분양가가 낮았기 때문에 높은 상승률을 기록한 것은 아니다. 당시 이 분양가도 비싸다는 이유로 모두 미분양이 났고 미분양 물량이 추첨으로 정해진 자리에서는 1,000만 원만 주면 바로 넘기겠다는 떴다방들이 넘쳐났다. 모두 내가 그 자리에 있었기 때문에 잘 알고 있는 상황이다.

상승 2기로 넘어가자 상황은 바로 역전되었다. 마치 짜고 치기라도 한 것처럼 저평가 아파트들의 상승률은 바로 반 토막 나서 17~29%의 상승률만 보였다. 반면 슈퍼스타 아파트의 상승률은 치솟아 상승 1기 때의 두 배인 48~55%의 상승률을 기록했다.

이 모든 기간의 수익률을 더하면 아직까지는 위례롯데캐슬을 계속 보유하고 있는 경우가 두 배 이상의 상승률을 기록해 가장 높다. 강남데시앙포레 47평의 경우도 래미안대치팰리스에 맞먹는다. 하지만 이 중간 시기에 위례롯데캐슬을 매도하고 반포래미안퍼스티지를 매입했다면 어떨까? %만 놓고 따진다면 두 배가 훨씬 넘는 매우 높은 수익률을 보일 것이다. 물론 이게 말처럼 쉽지는 않는다. 막상 지나고 보니 이렇게 보이지 타이밍을 잘 잡기란 매우 어려운 일이고 막상 타이밍을 잡더라도 실천은 또 다른 문제다.

다름 아닌 나도 타이밍은 잘 잡아놓고 실천에는 실패했다. 상승 1기가 마무리될 무렵 나는 미분양으로 잡았던 위례롯데캐슬을 매도했다. 양도세 면제 단지였기 때문에 농특세만 내고 매도할 수 있었으며, 이는 래미안대치팰리스로 갈아타기 위해서였다. 위례를 팔고 대치에 들어가려면 당연히 돈이 부족하기 때문에 보유하고 있던 다른 단지인 헬리오시티 입주권을 매물로 내놓았다. 래미안대치팰리스는 매수의뢰를 해놓고 헬리오시티 입주권 매도계약이 되면 바로 계약금을 쏠 수 있게 준비해두었다. 그런데 장관이 휴가 간 사이에 기습적으로 발표된 2017년 8.2대책이 나오면서 재건축 입주권 전매가 원천적으로 금지되었다. 나 역시 휴가에서 부랴부랴 복귀해 청중석에 앉아 수석의 부동산 대책 발표를 듣는 장관만큼이나 허탈한 마음으로 그 발표를 지켜볼 수밖에 없었다. 이후 헬리오시티는 4억 원 정도가 올랐으나 래미안대치팰리스는 8억 원이 올랐다.

이처럼 갈아타기 위한 타이밍 포착만큼이나 그 타이밍을 실천하는 것은 어려운 일일 것이다. 내 경우는 그냥 위례롯데캐슬을 보유하느니만도 못하게 되었다. 하지만 어떤 타이밍에 어떤 아파트의 상승률이 보다 높을 수 있는지를 안다면 의사결정에 도움이 될 것이다.

부동산 상승 초기에 저평가 아파트의 수익률이 상대적으로 높은 이유는 부동산 하락기일수록 외곽의 큰 주목을 받지 못하는 단지들이 시장에서 더욱 더 소외되기 때문이다. 부동산 열기가 뜨거워지면 평소에 관심을 갖지 않던 사람들도 여기저기 찾아보기 시작하고 먼 거리까지도 임장을 마다하지 않지만, 부동산 하락기에는 이들 외곽 지역까지 관심을 갖는 사람은 많지 않다.

따라서 인지도 높은 인기단지의 경우 하락기에도 찾는 사람이 있어 어느 정도 가격 방어가 되지만, 외곽의 비인기 단지들은 말 그대로 거래절벽에 내몰린 상황에서 가격이 형성되는 경우가 많다. 신규

단지의 경우 이 현상이 미분양으로 나타난다. 따라서 이들 지역에까지 사람들이 오기 시작하며 가격이 회복되는 부동산 상승 초기에는 이들 단지를 바닥에서 주운 경우가 가장 수익률이 좋다.

반면 부동산이 본격적으로 상승세에 접어들고 저가 매물만 찾던 사람들이 어느 정도 수익을 보기 시작하면 매수세가 본격적으로 고가주택으로 옮겨 붙는다. 이론이 그렇다는 게 아니라 실제 시장에서 벌어지는 상황을 보고 해석한 결과가 그렇다는 것이다.

물론 상승 1기에서 저평가된 매물을 찾는다고 해서 아무 동네나 가서 싼 아파트를 사면 된다는 뜻은 아니다. 반등장이 나왔을 때 시장의 주목을 받을 만한 호재가 있는 동네여야 한다. 위례는 교통 문제가 있긴 해도 말할 나위 없이 판교의 뒤를 잇는 신도시 대장주였고 수서동의 아파트는 강남의 제일 외곽이라는 핸디캡은 있으나 SRT와 수서역세권 개발이라는 호재에 행정동인 일원본동 학군까지 덤으로 껴있는 곳이었다. 이런 곳들은 하락장에는 비록 소외되었지만 상승장에선 시장의 주목을 받을 만한 곳이었다.

잠깐 쉬어가는 타이밍인 2019년 상반기 이후 찾아올 상승 3기에는 역시 이 슈퍼스타 단지들이 지속적으로 주목 받을 것이다. 수요 측면이나 공급 측면 모두에서 이들 단지들이 오를 수밖에 없다. 대출을 옥죄면 결국 수익성이 같은 다른 대체 투자처에서 수익을 내거나 현금이 많은 사람들만이 시장의 주요 매수자로 남는다.

정부가 대출을 옥죄면서 2018년 하반기에 미계약분이 나온 서초동 래미안리더스원 같은 경우 이 미계약분에 평균 800대1이 넘는 경쟁률을 보였다. 이 단지의 미계약분은 당첨자 발표 이틀 후 5,000만 원을 계약금으로 내고 다시 한 달 안에 최소 2억 8,000만 원 이상의 2차 계약금을 모두 현금으로 납부해야 했다. 그리고 잔금 20%를 제외한 계약금＋중도금 80%는 대출이 안 되어 최소 11∼12억 원 이상의 현금 동원력이 있어야 하는 단지였다. 한달 안에 1, 2차 계약금 포함 3억 원 이상 현금을 그 자리에서 동원할 수 있는 사람들 수만 명이 몰린 것이다.

다주택자에 대한 징벌적 과세가 이어지는 마당에 결국 똘똘한 한 채 현상은 이미 재현되고 있고 계속 가속화될 수밖에 없다. 그리고 이 똘똘한 한 채는 과거처럼 외곽의 대형 아파트가 아니라 누가 들어도 "우와" 하며 부러움의 눈길을 보낼 만한 '지위재의 위상을 가진 일부 단지'로 국한될 것이다. 앞서 보여준 2014년 이후 1인당 주거면적 트렌드를 기억하는가? 고소득층마저도 1인당 주거면적이 줄고 있다. 외곽이나 2진급 단지의 큰 아파트보다는 누가 들어도 부러워하는 1진 단지의 작은 평형을 선호하는 것이다. 물론 1진 단지의 큰 평형이면 제일 좋겠으나 40∼50억 원을 집에다 묻은 채 살 수 있는 사람의 수는 제한적이다.

핵심단지로 수요가 몰릴 수밖에 없는 이유는 공급 측면에도 있다. 나는 2017년 나온 책에서 "재건축은 이제 끝났다"고 선언했다. 사업시행인가를 받은 단지를 제외하면 이번 정부에서는 온갖 이유를 달아 사업을 지연시킬 것이기 때문이다. 재건축으로 한창 들썩이는 반포에 비해 한 발 늦었던 대치동의 중층재건축 단지들은 대부분 직격탄을 맞았다.

지금 강남 재건축 단지들은 특히나 재건축초과이익환수(이하 재초환)라는 복병을 만나 전전긍긍하고 있다. 대치쌍용 1차의 경우 대치쌍용 2차의 재초환 부담금 액수를 보고 결정을 하겠다며 시공사 선정을 무기한 연기했는데, 2차의 부담금 액수 통보가 해를 넘겨 버리며 양쪽 다 지지부진해져 버렸다.

대치동 우선미 중 하나인 미도 아파트의 경우도 정비계획을 추진하자 서울시에서 바로 태클이 들어왔다. 서울시는 2018년 1월, 강남구청과의 협의 과정에서 이미 세대수로 따져 20%에 달하는 전용면적 13평 이하 소형공공임대주택 세대 수를 더 늘리라고 요구하였고, 이들 소형임대주택을 동, 층, 라인으로 나누지 말고 일반 분양주택과 한데 섞어 분산배치하라는 주문까지 했다. 서울시는 또한 청소년 아동복지시설과 노인여가시설을 확보할 것과 함께 양재천변 동은 개방감을 위해 층고를 최하 24층까지 하향 조정할 것을 요구했다. 양재천 조망권에 따라 가격이 달라지는 대치동 재건축 단지 주민 입장에서는 몽니로 느껴질 수도 있는 대목이다.

최근의 이촌동 왕궁아파트 사례는 더 기가 막히다. 서울시는 한강변 층고를 35층으로 제한하고 강과 마주한 전면동은 15층까지만 허용하고 있다. 한강에 바로 접한 비교적 좁은 면적의 왕궁아파트는 층고 제한 때문에 법적 용적률을 최대한 활용할 수 없어 일부 용적률을 포기하는 대신 1대1 재건축을 추진했다. 즉 서울시의 기존 규제를 충실히 따르면서 재건축 계획을 수립한 것이다.

그런데 서울시에서 임대주택 의무가 없는 1대1 재건축임에도 '임대주택을 넣어서 정비계획을 다시 제출하라'고 요구했다. 1대1 재건축에서 임대주택을 넣으려면 용적률을 추가로 올려야 한다. 더욱 가

관인 것은 층고 제한은 풀어줄 생각이 없으니 조합이 알아서 용적률을 높일 아이디어를 내라는 것이다. 층고를 그대로 두고 용적률을 높이라는 말은 건폐율을 비상식적으로 높여 건물들이 다닥다닥 붙어 있는 닭장을 지으라는 말이나 진배없다. 백 번 양보해 그런 닭장 정비계획을 짜서 들고 가면 서울시 도시계획위원회에서는 승인을 해줄까? 그냥 재건축은 무슨 이유를 달아서라도 이제 승인 안 해주겠다는 말이다.

이촌동뿐 아니라 임대주택 건립을 피하기 위해 1대1 재건축을 추진하던 압구정동에도 직격탄을 날린 셈이다. 그냥 이번 정권에서는 재건축은 포기하는 것이 속 편할 것이다. 아무리 현행 규정에 맞추어 안을 만들어보았자 국토부는 고사하고 어차피 해줄 생각 없는 서울시의 벽을 넘을 수 없다.

옆에서 이 꼴을 고스란히 지켜본 압구정동 신현대는 2019년에 61억 원의 예산을 들여 공용배관을 아예 싹 교체해버릴 예정이고, 대치동 우선미 중 선에 해당하는 선경아파트는 최근 대대적인 주차장 확장공사를 실시했다. 어차피 장기전이라고 보고 당장의 생활환경 개선부터 신경 쓰는 것이다. 물론 인가를 받고 재초환까지 면제받은 단지들은 희소성이 높아져 날개를 달고 날아갈 것이고 이미 날아가고 있다.

반면 서울에서도 외곽 단지들은 공급물량의 직격탄을 받는다. 3기 신도시들은 2기와는 달리 서울과 아주 가까운 곳에 들어서게 되며 이들은 필연적으로 인접 지역의 수요를 분산시킬 수밖에 없다. 하지만 이들 3기 신도시가 강남 핵심지역의 수요까지 분산시키지는 못한다. 3기 신도시 후보지 중 가장 입지가 좋은 하남이나 과천 지역이라도 강남의 핵심입지와 한강변을 원하는 사람이 여기까지 가서 소셜믹스 단지에서 살지는 않을 것이다.

서울시내에도 공급계획이 있지만 이건 정말 '코끼리 비스킷'이라는 말이 어울릴 정도이다. 강남권을 겨냥한 공급물량 중 성동구치소 부지 1,300세대는 동남권에는 영향이 있을 수 있으나 반포와 청담, 삼성 일대 한강변과는 무관한 지역이다. 개포 재건마을은 340세대라는 아무 의미 없는 물량이고, 삼성동 서울의료원 주차장부지 800세대도 마찬가지이다. 이외 염곡동이나 장지차고지 등도 물량이나 입지 상 강남에는 큰 영향이 없을 것이다. 다만 대치동의 동부도로사업소 부지는 그 입지나 2,200세대라는 만만찮은 물량으로 볼 때 인근 대치동과 개포동 등에는 영향을 줄 수 있을 만한 물량이다. 하지만 이 부지는 단독으로 개발할 것이 아니고 서울시에서 건너편 세텍 부지, 가스안전공사 부지와 함께 통합개발을 계획하는 지역이다. 실제 공급이 되기까지 넘어야 할 산이 많아 다른 지역보다 오래 걸릴 것이다.

사실 3기 신도시 발표와 동시에 나온 이 서울과 강남 지역 공공주택 건설 계획은 계획이라고 보기에 매우 사전 조사가 안된 상태에서 나온 선언적인 의미가 커 보인다. 800세대를 공급하겠다는 삼성동 서울의료원 주차장 부지의 넓이는 2,100평에 불과하다. 세대당 대지지분이 2.6평으로 용적률 800%의 주상복합으로 짓는다고 해도 세대당 평균 분양면적이 21평에 그친다. 잘해야 투룸 정도 오피스텔 수준인 것이다. 실제 800세대를 주상복합 형태로 짓는다면 10~15평의 원룸 형태와 24평 정도를 섞을 것으로 예상되어 실제 시장에 영향을 주는 방 3개짜리 24평형의 공급은 많아야 200~300세대일 것이다. 나머지 10~15평의 소형 평수로는 주변 오피스텔의 수요를 분산시키는 정도에 그친다.

행정구역상으로는 대치동이나 탄천 건너편 개포·일원동에 붙어 있는 동부도로사업소 부지 역시 마찬가지이다. 양재천과 바로 연결되는 하천부지인 이곳에 공공주택을 공급하기 위해 용적률 800%의 초고층 주상복합을 지으려면 막대한 토목공사비용을 들여야 한다. 따라서 바로 붙어 있는 개포자이 같이 용적률 250%의 일반 아파트를 지을 것으로 예상된다. 정부가 밝힌 해당 부지의 면적은 1만 6,000평으로 2,200세대를 용적률 250%로 짓게 되면 분양면적이 평균 18평 정도 나온다. 주상복합을 지을 수 있는 삼성동 서울의료원 주차장 부지의 공공주택보다 작다. 용적률 상향을 통해 이보다 좀 크게 짓는다고 해도 역시 분양면적 13~22평 정도의 초소형 주택이 주력으로 흔히 말하는 강남 수요를 대체하기는 힘들어 보인다.

그리고 무엇보다 우려되는 것은 3기 신도시가 실제 공급되는 시기다. 현재 정부의 목표는 이번 정권 내에 부지 조성을 완료하는 정도다. 실제로 아파트 공급이 완료되어 시장 안정을 가져오려면 앞으로도 최소한 5~6년 이상이 소요된다는 얘기다. 물론 이것도 모든 일이 일사천리로 진행된다는 가정하에 그런 것이다. 지금도 지난 정부에서 지정된 서울 외곽 택지지구에서는 부지 조성 중 유물이 나오는 바람에 일정이 계속 지연된 곳도 있다. 천문학적인 돈이 오가는 택지지구의 토지보상 역시 마찬가지다. 모든 일이 일사천리로 진행될 것이라는 낙관적인 가정을 한다 해도 빠듯하게 잡은 일정 대로 흘러갈 리 없다.

금융위기가 될지 경제위기가 될지 아니면 그대로 상승세가 이어질지는 그때 가봐야 아는 것이지만, 3기 신도시가 실제로 공급되는 시점에는 현재처럼 상승장이 아닐 확률이 더 높다. 아니 매우 만만 찮은 하락장이 시작하는 시점에 공급폭탄까지 터져버리는 결과를 가져올 수도 있다. 아직 먼 미래의 일이지만 우려되는 대목이 아닐 수 없다.

따라서 나는 이번 상승 3기를 준비하면서 가급적이면 서울 핵심 지역으로 과녁을 좁히라는 말을 하고 싶다. 물론 실수요자라면 대출을 최소화한다는 전제하에 이번 눌림목을 활용하는 것도 좋은 방법이다. 주거의 안정이 가져오는 긍정적인 효과 역시 가볍게 볼 게 아니기 때문이다. 단 어느 경우나 무리하게 레버리지를 활용하는 것은 피해야 한다. 이번 상승 3기는 언제든지 빠져나갈 준비를 하고 들어가야 하는데, 경우에 따라 이 '빠져나간다는 것'이 머리로 생각하는 것과는 다를 수 있다.

마치는 말

다시 말하지만 나는 부동산이 영원히 상승하라고 물 떠놓고 치성 드리는 사람은 아니다. 부는 상대적이지 않은가. 시장을 뛰어넘는 초과이익을 얻어야 상대적인 부가 증가하는데, 시장이 늘 안정적인 상황보다는 널뛰기를 할 때 초과이익이 발생한다. 따라서 나도 내가 예측할 수 있다는 전제하에 급락이 오기를 바라는 마음이 있다. 그래야 다음 상승장에서 초과수익을 얻을 수 있기 때문이다.

내가 언제까지 온전한 정신과 육체를 가지고 시장 흐름을 읽을 수 있을 것인가. 앞으로 많아야 세 번 정도 파도가 지나가고 나면 육체도 쇠약해지고 정신도 흐릿해지는 순간이 올 것이다. 성인이 된 이후 지금까지 두 번의 파도가 지나갔고, 정신 없이 그 파도를 타다 보니 어느새 중년이 되었다. 무엇보다 노년이 될 때까지 시장의 파도에 휩쓸리지 않고 살아남았다면 그 몇 번의 파도를 잘 탔던 기억에 취해 흔히 말하는 꼰대가 되어 있을 수도 있다. 역사적으로 보면 수백 수천 번이 오고 갔던 각기 다른 파도의 흐름 속에 최근 서너 번을 잘 탔으니 '내가 짱이다'라고 믿는 꼰대 말이다. 꼰대의 근자감에 더해 판단력까지 흐려진다면 노년에는 크게 한방 맞고 휘청거릴 수도 있다. 그렇기 때문에 판단력이 온전할 때 최대한의 수익을 추구하고 노년으로 갈수록 수성에 치중하는 것이 세상만사 돌아가는 이치다. 내 정신이 온전할 때 시장이 롤러코스터를 타줘야 더 많은 기회가 오는 것이다.

하지만 아직까지는 내가 보는 지표상으로 급락 조짐은 없다. 나는 지금 서울 핵심지역은 강보합 후 상승, 서울 외곽 지역은 약보합, 수도권과 지방은 약보합에서 약세장을 예상한다. 그리고 서울의 핵심지역은 언제든지 강보합에서 상승장으로 돌아설 태세가 갖추어져 있다. 오히려 방향성이 뚜렷하지 않은 지금이 가장 예측이 어려운 시기일 것이다. 2014~2017년은 방향성이 아주 명확했다. 나는 예언이 아닌 예측을 하는 사람이다. 정확한 시점은 점쟁이가 아닌 이상 월 단위로 맞출 수는 없다. 그렇기에 시장 상황을 꾸준히 모니터링할 수밖에 없다. 멀지 않은 장래에 튀어 오를 것은 맞는데 그 튀어 오르는 시점을 정확히 잡기 위해서 말이다.

나는 이 책에서도 외부에서 찾아올 다음 위기의 시점으로 2021~2023년을 주목한 2017년의 관점을 유지한다. 미국 대선과 미·중 관계, 지난 반세기를 풍미했던 자유무역에서 보호무역으로 전환되는 과도기에 그간 단물을 다 빨았던 국가와 이제 좀 빨아 보려다 빨대를 빼앗기게 된 국가 간의 헤게모니 쟁탈, 적기를 놓친 미국의 뒤늦은 공공인프라 투자로 조절이 어렵게 된 과잉유동성 등 당시 판단을 수정할 만한 변화가 아직 눈에 띄지 않기 때문이다. 하지만 이 또한 계속 지켜보면서 필요하다면 수시로 판단을 수정해야 한다. 내가 하는 일은 예언이 아닌 예측이기 때문이다.

폭락은 버블이 생겨야 발생한다. 그리고 앞서 보여주었듯 버블은 이제 막 생기고 있다. 2018년 말~2019년 초의 일시적인 냉각기는 버블이 커지기 위한 예비단계일 뿐이다. 미국이나 한국 모두 투자자들이 지난 금융위기의 악몽에서 벗어나지 못하고 수시로 버블이 터지는 악몽을 꾸고 있다. 그 결과가 비록 가격지수는 올랐지만 부동산 버블이 시작도 안 됐던 시절로 돌아간 공급과 수요 지표들의 보수적인 수치들이다. 이 테스트를 견디고 나면 사람들은 다시 자신감을 회복하고 제대로 버블을 만들어 갈 것이다.

나는 감이 아닌 내가 보는 지표에 근거해서 시장이 이번 테스트를 견디고 본격적인 버블 단계로 돌입할 것이라는 데 베팅했다. 여러분은 어떤가? 자신이 생겼다면 과감히 버블에 올라타기 바란다. 평생에 걸쳐 적게는 세 번, 많아야 다섯 번을 넘지 않는 기회 중 한 번의 문이 막 닫히려 하고 있다.

부동산 버블 마지막 기회를 잡아라

초판 1쇄 2019년 2월 25일
초판 2쇄 2019년 3월 5일

지은이 조현철
펴낸이 전호림
책임편집 권병규
마케팅 박종욱 김선미 김혜원

펴낸곳 매경출판㈜
등록 2003년 4월 24일(No. 2-3759)
주소 (04557) 서울시 중구 충무로 2(필동1가) 매일경제 별관 2층 매경출판㈜
홈페이지 www.mkbook.co.kr
전화 02)2000-2631(기획편집) 02)2000-2636(마케팅) 02)2000-2606(구입 문의)
팩스 02)2000-2609 **이메일** publish@mk.co.kr
인쇄 · 제본 ㈜M-print 031)8071-0961
ISBN 979-11-5542-955-6(03320)

이 도서의 국립중앙도서관 출판예정도서목록(CIP)은 서지정보유통지원시스템 홈페이지(http://seoji.nl.go.kr)와
국가자료공동목록시스템(http://www.nl.go.kr/kolisnet)에서 이용하실 수 있습니다.
(CIP제어번호: CIP2019002773)